高职英语
教学理论与方法研究

周天姣◎著

中国商业出版社

图书在版编目（CIP）数据

高职英语教学理论与方法研究 / 周天姣著. -- 北京 : 中国商业出版社, 2025. 8. -- ISBN 978-7-5208-3534-3

Ⅰ. H319. 3

中国国家版本馆 CIP 数据核字第 2025GW7485 号

责任编辑：石广华

策划编辑：武维胜

中国商业出版社出版发行

（www.zgsycb.com　100053　北京广安门内报国寺 1 号）

总编室：010-63180647　编辑室：010-83128926

发行部：010-83120835/8286

新华书店经销

武汉市卓源印务有限公司印刷

*

710 毫米 ×1000 毫米　16 开　9 印张　120 千字

2025 年 8 月第 1 版　2025 年 8 月第 1 次印刷

定价：68.00 元

* * * *

前　言

随着市场经济的快速发展，英语在国际贸易中的作用越来越突出，培养素质过硬的英语专业人才成为许多高校的教育目标之一。在职业教育中，英语是一门重要课程，教师职业素养的高低决定着高职英语整体教学水平，这就要求广大高职英语教师必须熟悉英语教学理论，掌握英语教学方法，并灵活地运用到课堂教学中去。

本书先对高职英语教学进行了系统概述，介绍了英语教学的内涵与特性、高职英语的内涵及特征，并分析了我国目前高职英语的教育形势。接着对高职英语课堂教学理论进行了论述，说明了高职英语课堂教学的有效性、高职英语课堂教学中的文化导入、高职英语课堂教学的自我反思等，分别从核心素养体系、教育生态学视角看待高职英语课堂教学。另外，任务教学理论也是一类较为热门的英语教学理论，通过了解任务型教学的兴起、任务型教学的概念、任务型教学的理论基础，能够帮助高职英语教师更好地安排教学计划、实现教学目标。当然，理论搭配方法才能真正体现出高职英语教学效果。针对高职英语课堂教学理论，书中列出了一系列高职英语课堂教学的方法应用，如定制化教学在高职英语课堂中的应用、多媒体教学在高职英语课堂中的应用、师生互动模式在高职英语课堂中的应用等。除此之外，基于高职英语任务教学理论，也对应地展开了高职英语任务教学的方法应用，通过任务设计和应用实践，有力地将任务教学模式贯彻到高职英语教学活动中去。

本书内容翔实、结构清晰，紧紧围绕高职英语教学“理论”与“方法”两个关键词展开，能为高职英语教师了解英语教学理论、掌握英语教学方法提供指导，具有一定的参考价值。

目 录

第一章　高职英语教学概述

第一节　英语教学的内涵与特性

一、英语教学的内涵

教学现象是复杂的，对于其本质人们经历了一个相当长的认识过程。考古发现,殷商时期的甲骨文就已经出现了“教”与“学”二字。《学记》开篇曰:“建国君民，教学为先。”这里的“教学”，含义极广，几乎是“教育”的同义词，并不等同于我们今天所讲的“教学”。《学记》继续写道:“学然后知不足,教然后知困。知不足，然后能自反也；知困，然后能自强也，故曰教学相长也。”这里的“教”有教授、教化、教诲等含义,“学”有学习、想知的含义。许慎在《说文解字》中写道:“教，上所施，下所效也。”这里的“施”就是“教”之意，“效”就是学之意。后来人们过于突出强调“施”，以“施行”支配“效”，突出了“施”的主导地位。

何谓“教学”？国内学术界有不同的认识和理解,归纳起来主要有两大类。一类是以王策三、李秉德等为代表的统一活动说，认为教学是教师教、学生学的统一活动。另一类是以刘克兰、黄甫全、王本陆等为代表的广义狭义说，认为广义的教学是以能者为师为基础传授和获得的经验活动，或教的人指导学的人以一定的文化为对象进行学习的活动，狭义的教学是各类学校中所进行的教学活动。基于上述对于教学的认识与理解，李森提出了对现代教学的释义，即“师生之间以对话、交流、合作为基础进行文化知识传承和创新的特殊交往活动”。

国外学者采取了描述式、意向式和规范式等方式对教学进行了界定。描述式的教学定义是传授知识或技能；意向式的教学定义是人们对教学的一种期待，期待教学能导致学习者的学；规范式的教学定义是将教学作为规范性行为，必须符合一定的道德规范。①

基于以上认识，站在文化哲学的立场上，笔者认为教学是师生之间以对话、交流、理解与合作为基础进行知识、技能和文化传承与创生的特殊交往活动，该活动主要应该体现出师生之间和不同文化之间的精神相遇和文化对接。

二、英语教学的起源

在学校教育中的读、写、算历来是西方学校教育的重点，而近代开设外国语的课程则是 19 世纪后半叶才受到认同的。文艺复兴鼎盛时期，以拉丁语、希腊语为中心的语言课程受到高度的评价，而在 19 世纪下半叶开设外语课程的国家中，德语、法语占据了绝对领导地位。自 20 世纪以来，英语纳入中小学课程体系的国家持续增多，其缘由应该是各国均意识到国际交流越来越重要，要真正参与国际交流就得掌握世界通用语——英语。

1862 年，根据恭亲王奕䜣上奏朝廷的相关请求，清政府将始建于 1708 年，隶属于北京国子监的俄罗斯文馆合并创建了京师同文馆，在语言科目中增设法、英、日等外国语言。从此以后，我国英语教学开始了长达 40 年的萌芽阶段。1902 年，《钦定中学堂章程》的颁布，清廷开始兴办中学堂，英语、法语和日语（以英语为主，法语、日语任择一门兼习）被列为中学堂的必选课程。这样，我国就较为正式地将英语纳入了学校课程体系。1913 年，由当时的南京临时政府制定并颁布的《中学校课程标准》再次将英语作为中学外国语的必修课程。1922 年，通过效仿英、美等国，南京政府任命胡宪生起草颁布了第一个全国统一的纲领性文件——《新学制课程纲要初级中学外语课课程纲要（暂以英文为例）》，把英语纳入中学外国语的必修课程。《新学制课程纲要初级中学外语课课程纲要》初步规定了英语教学的目的与要求、教学内容、教学时间，并明确建议了当时欧美流行的教学方法。经过 100 多年的历史沉淀，英语课程终于正式进入了我国中学的课程体系。

三、英语教学的相邻学科

对英语教学的定义，有人从语言学视角予以阐释，有人从社会学角度进行著述。然而自 20 世纪 50 年代以来，英语教学除了受普通语言学的启示和指导以外，越来越受到教育教学理论的影响。因此，英语教学也逐渐发展形成了课程与教学

① 潘洁 . 激励教学法在高职英语教学中的实践探索 [D]. 南昌：江西师范大学，2023.

论专业的子学科——学科教学论。我国是英语教育大国，英语教学历来受到国家的高度重视，而我国英语教学的“费时低效”一直备受隐忍之痛。为了进一步对英语教学的本真作出阐述，首先需要区别一下与英语教学息息相关，但又有不同的几个相邻学科及术语。

（一）应用语言学

1870年，波兰语言学家博杜恩·德·库尔特（J. Baudouin de Courtenay）首先提出并使用了“应用语言学”（applied linguistics）这个术语。在提出“应用语言学”这一术语时，库尔特从广义和狭义两个方面对其作了界定。

广义应用语言学是把语言学的相关知识应用于解决其他科学领域的各种与语言有关的问题。从狭义应用语言学角度来看，被应用的语言知识主要有以下三个方面：一是语言学的相关学科（Linguistic-Related Disciplines），经常用LRD代表，也指那些与语言学有密切关系的边缘学科，如心理语言学、社会语言学、神经语言学、计算机语言学等。二是语言理论与语言描述，包括共同规律，语言模式，具体语言的语音、语义、语法、语用、词汇的描述，国际语言学者用LD（Linguistics Disciplines）来代表，即我们通常说的“语言学科”。三是教育相关学科（Education-Related Disciplines），用ERD代表，通常指那些虽然不属于语言学，但与语言教学密不可分的教育学科，如教育理论、教育统计学与测量学、教育心理学、电化教学、教学方法等。

此外，有语言学家认为，从为少数民族创造文字到机器翻译，乃至计算机语言编程等均可视为应用语言学的实际应用。值得一提的是，应用语言学作为语言学的一个独立分支，它真正需要研究和解决的问题或多或少地都会与人类独有的“语言”有关，即语言的运用，但并非纯粹的“语言”问题，如音位学、句法、意义等，因为纯粹的语言问题应该由语言学家解决，而非应用语言学研究的范围。因此，应用语言学研究的主要对象就局限为与语言学、符号学有关，又会涉及社会学、政治学、民俗学等一类与语言息息相关，但跨越了语言学科的综合应用学科问题。应用语言学的主要作用就是为学科融合搭建平台，促进交流，因而使得一些边缘学科（如社会语言学、心理语言学、神经语言学、数理语言学、言语病理学、通信工程学等）应运而生，从而帮助人们科学、系统地去解决有关的语言实际问题。

（二）语言教学

语言教学也是人们常常提及的狭义应用语言学，从某种意义上讲也是广义应用语言学中主要的研究内容。语言教学有着漫长的历史，然而真正成为科学研究领域却始于 20 世纪 50 年代。顾名思义，语言教学就是关于语言学科的教与学。研究涉及母语教学、二语教学和外语教学：其中本族语学习包括儿童语言习得和学习（通常指母语学习）；二语教学则常常发生在官方语言为双语或多语的国家，如加拿大、新加坡等；外语学习则是本族语言能力的扩大与延伸。因此，语言教学就包括了母语教学、双语教学和多语教学，常常隶属于教育学科的学科教学论研究的视域之下。双语或多语是指在多民族聚居区，或者官方语言在两种及其以上的国家里，儿童从小就习得两种或两种以上的语言，同时必须用两种语言进行日常交际。从教学的行为来看，教学活动本身就是通过语言传授来达到教学目的，因此很多外语教学人员一直强调用外语教授外语，而拒绝使用母语进行外语教学。就语言教学的内容而言，其主要内容是将语言知识或与语言相关的理论通过教育教学者传授给学习者，以使学习者掌握并灵活运用该门具体语言进行交际活动。但需要指出的是，就语言教学内容本身来看，并非一定要体现语言教学理论，教学内容通常包括具体语言所有关于语法、语音、词汇、文字、修辞等方面的知识，在技能上通常需要提升学习者听、说、读、写的能力。

作为学科教学论的重要研究分支之一，语言教学理论往往针对的是在语言知识传授中的各个环节。语言教学的第一步是课程标准的制定和教学教材的编写，怎样科学地、合理地组织安排所教的语言知识，语言知识搭配符合学生心理发展，以及规定学生课程学习达到的目标，这是课程标准编写中应注意的问题，对这一领域的研究和探讨就形成了语言教学理论的一个主要方面。语言教学的第二步是探讨课程怎样实施、教学内容怎样安排以及怎样实施有效教学。语言教学的第三步是设计和探讨语言的教学方式，由于教师的个体授课行为方式对学习者的语言学习具有直接的影响，所以教学方式也是语言教学理论的一个重要组成部分。语言教学的第四步是研究语言学习者的个人因素或班级乃至学校的整体因素。学习者的个体因素主要指心理或个人言语行为的能力等相关因素，具体表现为：学习者的种族、民族、社会背景、地域民俗文化等诸多因素对学习者的语言学习所产生的影响。其中整体影响又被称为来自社会方面的学习影响因素，它包括学习者的母语对第二语言学习产生的干扰和竞争，即负干扰；还有心理因素的影响，例如当一种语言形态较为发达时，对初学者会造成一种心理障碍；当一种语言词汇量较多、形态较少、句法规则不突出时，对已有一些基础但仍需提高的学习者造成心理障碍。以上所述对语言教学活动的研究都是语言教学理论的内容。

自 20 世纪中叶以来，随着教育科学的发展，特别是课程与教学论学科的不断独立和发展，应用语言学家开始逐步摆脱传统的语法翻译法限制，建立了一系列的语言教学理论，如行为主义教学理论、人本主义教学理论、建构主义教学理论等。语言教学理论的创建和发展在不同时期都会受到不同派别的语言理论的影响，如 20 世纪 30 年代以前，语言教学理论受索绪尔结构语言学的影响；20 世纪 50 年代以后，语言教学理论则受制于乔姆斯基（Chomsky）的转换生成语法；进入 21 世纪以来，语言教学理论却受到了突现主义的影响。也就是说，不同的语言理论总会促使与之相适应的语言教学理论模式出现，因此语言理论实际上与语言教学理论有着密不可分的关系。

自 20 世纪 80 年代以来，语言教学的研究主要由以前集中在找出一条最佳的语言教学方法转向研究语言学习许许多多复杂因素对语言学习的影响。在研究影响语言学习各种因素的过程中，语言教学构建了自身的基本框架，即语言研究与语言教学，语言学习者、语言学习的心理因素与语言教学，教育学观照下的语言教学和社会文化心理性因素与语言教学。除此之外，语言教学在研究方法上也在借鉴自然科学和社会科学的基本模式与方法的基础上发展了基于“课堂教学”为主的行动研究模式。

（三）二语习得

克拉申（S.D. Krashen）曾用“习得”来描述二语学习，并将二语学习与母语学习进行类比，认为“习得”系孩童在自然的学习环境下进行的语言学习，且国外学者在外语 / 二语学习研究时偏向于使用“习得”。我国学者更习惯于使用“学习”。国外“二语”“外语”的使用主要依据其使用该语言的语言环境，对于我国而言（除少数民族地区），英语既是“二语”，也是“外语”，故这里讲“外语学习”和“二语习得”可理解为同义语，因此经常会交替使用。第二语言习得（简称二语习得）是指除了母语以外的语言学习的研究，通常既包括第二语言习得，也包括外语教学和继承语教学。

二语习得的研究大致始于 20 世纪六七十年代。该研究领域的初衷是探讨第二语言习得的规律，以此来推动第二语言教学的发展。与应用语言学的区别在于：应用语言学侧重研究如何把语言学研究的成果有效地运用到语言教学中，第二语言习得则注重研究学习者第二语言能力的发展过程和作用于该过程的相关因素，即第二语言习得的主要研究集中于语言学习。第二语言习得研究从学习者语言中的偏误和中介语的特点和发展规律入手，逐渐拓展到影响第二语言习得的外在因素、第二语言习得的内在机制、学习者个体差异等。进入 20 世纪 90 年代，以第二语习得环境为背景的研究在规模上大大超过了以母语环境为背景的第二语言习得研究，这些成果能否全面适用于我国母语为汉语环境，英语作为外语习得的课堂教学中？因此该问题也是本书需要谨慎对待的问题之一。

（四）外语教学

随着知识经济和信息时代的到来，国际的贸易往来和经济合作日益密切和频繁，国与国之间已经完全形成了相互依存和相互依赖的关系。多元文化的“地球村”已经成为现实。因此，世界各国除了强调本国语言的学习，外语课程的开设也不仅是使学生能讲几句外语进行寒暄和交流、能对外语文章进行翻译或理解，而是为了其在“地球村”中融入多元文化社会，以及在其中更好地生存和发展做准备,为了使其能把外语作为工具获取信息技术以及进行知识创新做准备。因此，外语教学就成为普遍关注的焦点。外语教学是语言教学的重要组成部分，通常指某一社区内进行的非本族语教学，一般在人们学会母语后在课堂里进行。外语教学与二语教学的根本区别在于语言的使用环境的差异，如法语在加拿大属于二语教学，而在中国则属于外语教学。中国外语教学约开始于明代，外语教学主要教授现代语言,语种的选择常受社会需要和教育制度的影响。清末中学课程抄袭德、日，外语科目先以日语或英语为主，后又以德语或英语为主。辛亥革命后，课程设置效法英、美，以英语为主。中华人民共和国成立后，先以俄语为主，后转为以英语为主。美国 21 世纪新课程开始提倡从幼儿园到高中连续 13 年设置外国语课程。澳大利亚制定了除英语以外的语言课程标准，并制定了灵活的外语课程设置，以保证不同民族背景和移民背景家庭的所有学龄孩子都能够根据自身的语言基础选择一门外语及其适当的起点。英国的外语课程改革要求中学 11 ~ 16 岁的学生必须学习一门外国语，并有相应的国家级课程标准。日本从初中一年级起设置外语课程，英语课程在高中阶段实行必修和选修相结合的课程设置。韩国从小学三年级起开设英语课程，一直到高中一年级，英语课程均为必修课程，从高中二年级起开设英语阅读、写作和会话等选修课程。另外，以英语为官方语言或第二语言的国家和地区，如新加坡、马来西亚、纳米比亚和印度等国家也高度重视外语课程的教学，提倡双语教学，课时较多，教学目标要求较高，除听说以外，读和写的要求也接近以英语为母语国家的标准；除此之外，其他母语为非英语的国家，如法国、德国和意大利等国也开始尝试从小学起开设英语课程，且非常看重学生英语语言的听、说、读、写及其综合运用能力。

通过以上相关学科的简单回顾与介绍，我们可以清楚地看出将应用语言学界定为最上位的学科，应用语言学包括语言应用的各个方面，范围是开放的，应用语言学的主要研究对象包括语言教学，主要研究第二语言教学或外语教学，但是语言教学不是应用语言学研究的唯一领域。除此之外，应用语言学研究还包括语言规划，主要研究语言地位问题和语言文字规范化、标准化，乃至国家标准语言相关问题；应用语言学也包括广义的社会语言学，研究语言同社会的关系和语言的社会应用，如语言与生态，语言与性别差异，语言在诸如国际贸易、大众媒体、政治法律等职业中的作用问题；另外，本体语言学和语言本体同现代科技的关系也是应用语言学研究的视域，例如计算语言学和语言信息处理。

语言教学是应用语言学下位分支，主要包括二语习得、母语教学乃至部分语言学家划分的第一语言习得（新加坡和加拿大等双语或多语种国家经常使用此概念）。在二语习得研究范围内，我们可以界定外语教学和继承语教学，而笔者希望界定的英语教学为外语教学的下位概念。然而国内部分学生乃至家长常常把外语默认为英语，因为我国的外语课程绝大部分均为英语。但事实上，外语教学除英语教学以外，还包括日语教学、俄语教学等。

四、英语教学的不同视角

（一）语言学视野下的英语教学

英语教学的内容是英语语言及其文化，如何教授英语语言理所当然会涉及人们对英语语言和语言活动本质的认识和理解，因此把人类语言和语言活动作为研究对象的语言学对英语语言教学必然起着举足轻重的作用。语言学主要从三个方面对英语教学施加影响。第一，语言学研究中对语言的描写，可以帮助英语教师，特别是英语为非母语的英语教师对自己所教授的语言性质有更加清晰的认识和了解。因为教师对语言的认识决定了他们如何教授该语言。第二,语言学研究成果有助于教师对教学内容做出正确合理的选择。英语语言的范围极其广泛，语言学对英语的研究和描述也是多种多样的，这就需要英语教师根据语言学研究成果做出选择。第三,语言学研究成果有助于英语教师在教学过程更有效地组织课堂教学。

其中涉及的问题如教学大纲的设计、教学内容的选择、课堂教学的组织、学生的学习反馈等方面，都有非常重要的作用。当然，我们不能期望直接把语言学研究成果运用到英语教学中就能为我们解决英语教学的一切问题，因为有效地解决问题的办法总是来自若干不同的、相互联系的参照构架之间的交互作用。

语言学对于英语语言课程的内容和教学方法直接或间接的影响都非常大。从传统角度而言，语言最重要的、最基本的东西是语法。结构主义语言学家给英语教学提供了许多方法，如分离、细察和分析特定语言的语法结构，并认为学习外语最重要的是掌握基本句型，所以语法就放在第一位，词汇放在第二位。我国英语语言教学工作者或者研究者在进行语言教学与研究时长期受到美国结构主义和乔姆斯基普遍语法的影响，要么关注其内容，要么关注其形式，因此往往会把二者区别对待。早期的普遍语法也只关注语法结构，而将意义置于次要位置。这就是为什么乔姆斯基的经典句子“Beautiful green ideas sleep furiously”被认为是有效的，尽管毫无意义，但其合乎语法规范。传统语言教学首先是根据语言学知识将语言分解，然后逐一呈现给语言学习者。朗（Long）和拉宾森（Robinson）把这种教学称为关注语言形式的教学,这种教学往往割裂了语言形式与意义的联系。胡壮麟教授主编的《语言学教程》也因此成为我国大学语言学主流，按照 speech sounds（phonology）、lexicon（morphology）、syntax、meaning（semantics）编写的语言学教程成为我国语言学的标准和蓝本。该流派对我国语言教学影响也相当深远，形成了教学流派中成分理论假说。该假说认为语言由较小的成分组成大的结构，即始于声音，止于篇章，因此外语、二语教材的编写也鉴于此。例如，笔者在中学时学英语便是开始学字母、单词，然后是句型，最后到对话。根据此理论,英语教学便是一种语言知识的授受和积累的过程,教学需要从单词、句型逐级分析、记忆、运用。因此我们的语言学习首先就需要根据语言学知识将语言分解,然后逐一呈现给语言学习者。凡里尔的图示就明了地分析了该理论语言学习的过程。该理论经过长期发展，不但开发了一整套的语言教材，而且在测试方面相当成熟。例如,美国加利福尼亚州为英语学习者设计的一个语言测试（The California

English Language Development Test），其中一部分是口语测试。其第一个评分标准就是看学生是否能区分所有，至少大部分发音。这被称作音位意识（phonemic awareness）。

近年来，认知语言学对英语教学也产生了极大的影响。认知语言学家认为英语教师不能只是教授语言的外在形式，而是应该教授不同语言的文化习俗和思维方式。莱考夫（Lakoff）和约翰（Johnson）认为，隐喻不仅是一种语言修辞手段，更是人们感知世界、认识世界的一种方式，即对周围世界进行概念化的手段。隐喻无处不在，它不仅存在于人类的语言中，也存在于人类的思维和行动中。人们赖以思维和行动的概念系统从本质上说是隐喻性的。概念的形成是隐喻性的，行为的形成是隐喻性的，语言的构成也是隐喻性的。概念系统控制着我们的思维，也主宰着我们日常的机能，甚至驾驭着最平凡的小事。另外，我们对世界的认识和感知，包括我们在世界上的活动以及我们与其他人的关系也是受到概念系统主宰的。因为，大多数概念系统都具有某种程度的隐喻性，所以我们日常行为的思维，特别是我们日常经验的思维也相应地具有隐喻性。勃利奥（Pollio）及其助手的相关研究表明，以英语为母语的成年人每个星期使用近 10000 个隐喻，其中至少有 3000 个属于新隐喻（novel metaphors）。利特莫尔（Littlemore）认为，隐喻随时随地都在语言中渗透，就某种程度而言，假如我们的语言没有隐喻，那么我们每个人都无法开口说话。由于语言文化的差异，每种语言都有其与其他语言完全不同的、独特的比喻和隐喻系统。母语的概念系统是外语学习者在外语概念学习时的基础，任何人都会借用母语的概念系统来构筑其目的语的概念结构和系统。利特莫尔认为概念流利是所有语言行为最重要的基础，交际技能和语法使用时所呈现出来的问题，在一定程度上都是因为概念流利缺失或者错位的结果。因此，外语学习者的主要问题并不是我们常常认为的语法问题，而实质上是概念问题。笔者认为，这可能就是我国外语学习者不能充分掌握英语的根本原因。因为，外语学习者除了需要掌握目的语的词汇及其用法、语法结构和交际特征以外，为了真正意义地习得某一目的语，外语学习者更需要学习目的语人民感知世界的方法和目的语的思维方法，达到目的语人民那样隐喻地使用该语言。因此，认知语言学视野下的英语教学就被理解为通过语法、句子结构、语言点等语言形式出发的教学，借助隐喻机制让学习者形成一套新的概念体系，培养学生涉及英语的思维方式的训练过程。

（二）教育学视野下的英语教学

英语教学作为一种教学活动，是教育学的研究对象。因此，教育学对英语教学的影响也不容忽视。英语教学作为教育学的学科分支，深受教育学理论的影响。首先英语教学的目标是“激发和培养学生学习英语的兴趣，使学生树立信心，养成良好的学习习惯和形成有效的学习策略，发展自主学习的能力和合作精神；使学生掌握一定的英语基础知识和听、说、读、写技能，形成一定的综合英语语言运用能力；培养学生的观察、记忆、思维、想象能力和创新精神；帮助学生了解世界和中西文化的差异，拓宽视野，培养爱国主义精神、形成健康的人生观，为他们的终身学习和发展打下良好的基础”。教育学视野下的英语教学过程是教师与学生在平等的基础上进行的双边、互动的社会交往过程。英语教学的评价内容主要包括学习兴趣评价，情感、策略发展状态和因学段所学语言知识和技能的掌握情况及综合语言技能运用能力的评价。英语教学评价的方法包括形成性评价和总结性评价。

总之，教育学视野下的“英语教学”可以被理解为“一个由母语为汉语的英语教师教授、英语作为外语学生学习的双边、统一、互动的，涉及社会文化环境、课堂教学互动环境、英语教学内容、英语教学方法、英语教学评估等多种因素的过程”。教育学视野下的英语教学在吸收教学双边活动本质观的基础上加以定义的，防止了师生活动与教学过程的脱节，也防止了以“教论”代替“学论”或“学论”代替“教论”的倾向。这种定义吸收了李森教授提出的双边交往学说的相关论点，因此基本反映了英语教学的教育学意蕴。

（三）生态教学模式下的英语教学

英语本质上是一种信息交流工具，英语工具性背后也隐含了其人文性。然而，我国英语教学长期以来一直游离于英语的“本真”之外。我国大部分学生从小学三年级开始学习英语，经过十几年正规的学校英语学习，学生在各种英语考试中都可能获得较高的分数，但实际使用英语进行交流的能力却较弱，这与我国传统的英语教学方式和应试教育下的英语教学有很大关系。那么，如何才能使我国备受质疑的英语教学回归“本真”，如何才能使英语真正成为一门“活的工具”，如何才能实现英语课程工具性和人文性的统一呢？

义务教育阶段的英语课程具有工具性和人文性双重性质。就工具性而言，英语课程承担着培养学生基本英语素养和发展学生思维能力的任务，即学生通过英语课程掌握基本的英语语言知识，发展基本的英语听、说、读、写技能，初步形成用英语与他人交流的能力，进一步促进思维能力的发展，为今后继续学习英语和其他相关科学文化知识奠定基础。对此，我国高职英语课程教学指导性文件也明确提出了“以应用为目的，以实用为主”的教学指导思想，英语语言课程的教学目标是提高学生的语言应用能力，注重培养学生实际使用语言的技能，特别是培养学生涉外业务活动和使用英语处理日常的能力。然而，我国英语教学一直被考试主导，词汇和语法的学习一直是教学重点，听、说训练长期被教师和学生所忽视，英语教学沦为考试的工具，这样的英语教学培养出的也只能是“聋人英语”和“哑巴英语”。如果我们的英语教学实现“以应用为目的，以实用为主”的语言学习目标，那么英语教学就应该回归“本真”；如果希望英语教学回归“本真”，那么我们有必要在生态语言教学视野下重新审视英语教学。

英语教学是一个在语言教学生态系统中，教授主体在我国特有的语言生态环境下根据异域文化生态需求创设的和谐的学习环境下引导、维持或促进学习主体对以英语语言知识为载体的异域文化进行学习的所有交往行为。生态语言教学的逻辑条件主要包括三个层面：一是明确引导学习主体所要达到的目标和所学的内容，即教授主体要让学习主体知道学到什么程度以及学什么，学习主体只有知道了自己学什么或学到什么程度，才会有意识地参与教学交互活动。二是引导学习主体具有参与教学交往活动中的意向，即教授主体必须激发学习主体的学习动机，教学是在学习主体“想学”的心理环境下开展的。三是教授主体应采用学习主体能够理解的教学交往方式，教学语言有自己独到的特色——让学习主体听清楚、听明白。对于教授主体而言，英语教学就是生态教学目标的确定、生态语言教学环境的创设以及生态语言教学方式的选用的集合体。

对于学习主体而言，英语教学主要是学习主体在教授主体的引导下，在本土文化语境下通过与教师的交往互动来调适、适应异域文化交往方式的过程。也是学习者学习英语知识、了解英美文化、训练英语语言思维方式、促进自身主体性全面动态的发展过程。

因此，笔者认为，中国英语教学是源于中国经济社会文化下的特有语言生态环境中，将汉语作为母语的英语学习者在英语教师的引导下以英语语言知识为载体，在理解和接受英语语言异域文化的基础上，构建英语语言概念体系，促进学习者全面发展的动态、统一、和谐、平衡与循环的互动交往活动。

五、英语教学的特性

（一）英语的特性

语言作为人类交流和传播信息的工具，在人类的发展历史上扮演着重要角色，人们可以借助语言保存和传递人类的文明成果，同时语言也是民族的象征。一般来说，各民族都有自己的语言，人类具有丰富的语言是人类区别于动物的显著特征，有些动物虽然也能通过吼叫来交流信息，但是这种交流只是动物的初级本能，不像人类的语言包含丰富的思想情感。因此，人类语言的产生是人类发展成为人所迈出的关键一步。英语作为人类语言的一种，它在世界各国信息交流和文化传播的过程中具有特殊的地位。在世界的语言种类中，英语有以下几个特性。

1. 使用广泛

使用英语的国家分布在世界各大洲，相对于其他语种，英语是当今世界使用最广泛的一种语言，这里的使用广泛有两层含义：一是使用英语人口众多；二是生活中英语应用广泛。在联合国发表的 2005 年世界主要语种、分布和应用力调查报告上，英语排在第一位，其使用人口达 5 亿多人，英语学习者至少有 10 亿人，这说明英语在世界交往中扮演着重要角色。改革开放以来，由于对外交往的需要，我国对外语人才的需求迅速增加，其中英语人才是我们最需要的人才，我们对外交往的主要国家是说英语的国家，因此培养英语方面的人才是我们对外开放的重要保障。我国教育部门特别重视英语的教育，采取多种措施来促进我国的英语发展，不少学生从小学开始学习英语，英语是我们从中学到大学的必修课程，因此，我国学习英语的人数众多。在人们生活中，英语的使用非常广泛，例如我们生活中每天使用的电脑，它的程序是用英文字母进行编程的，我们上网使用的网址是英文的，网络中英文资源比任何一种语言的资源都丰富，因此，学好英语是我们获得大量信息的重要保证。

据统计，把英语作为自己国家官方语言或通用语言的国家约有 44 个国家，同时英语也是联合国正式语言之一。由此可见，在政治生活中，英语占有重要地位。英语之所以能够成为世界的通用语言，这与使用英语的国家的综合实力分不开，其中美国在英语成为世界语言过程中发挥了重要作用。因为，任何一个国家也不可能忽视像美国这样的一个超级大国，不可能不与美国发生往来，因此，世界各国都非常重视英语人才的培养。

2. 吸收外来语言能力强

美国著名的语言学家萨丕尔（E. Sapir）曾认为，一种语言对另一种语言最简单的影响是词的借代。英语同样也不例外。英语在其发展历史上吸收了大量的外来语言，如果查阅英语词源词典，就会发现英语词汇中 70% ~ 80% 的词来自其他各民族的语言。由此可见，英语在吸收外来语言方面的能力非常强，这也是英语能够迅速传播的重要原因。

（二）英语教学的特性

1. 工具性

英语的“工具性”，就个人而言，英语是问题思考、感情表达的工具；就人际关系而言，英语是思想交流、人际交往的工具；就人类的生存而言，英语是人类文化传递、知识传承的工具。人类认识世界和改造世界的过程和结果，需要通过语言体现出来，利用语言进行交流和传递；人类要生存、要发展，就必须掌握语言工具。英语工具性的提出，解决了使用语言文字工具的问题，明确英语教学的基本任务是培养学生听、说、读、写、译的能力。英语课程的“工具性”主要是指英语用于思想表达、人际交流、文化传承等具有维持社会联系的实用功能和中介作用。因此，英语是个人和社会都离不开的重要工具。

2. 人文性

“人文性”是当今社会比较流行的词，比如环境讲人文性，教育也讲人文性。那么什么是“人文性”呢？凡是人类的各种文化都可以用“人文”涵盖。简而言之，人文就是人与文化，它包含着情感、意志和思想观念的内容，它不同于自然之物。唯物论认为自然之物是客观存在的不以人的意志为转移的，花就是花，草就是草，不会因为人的意志而改变。然而，语言文字的理解就会因人而异，甚至因阅历不同，以至心情不同都会影响你的理解，要不怎么说“一千个读者，就有一千个哈姆雷特”呢？著名学者王国维也曾说过：“一切景语皆情语。”现代诗人汪国真说：“心晴的时候，雨也是晴；心雨的时候，晴也是雨。”这一切都告诉我们英语的人文性这一特点，它打上了个人深深的主观烙印，这就使语言变得让人捉摸不透，魅力无穷。就人文性而言，英语课程承担着提高学生综合人文素养的任务，即学生通过英语课程能够开阔视野，丰富生活经历，形成跨文化意识，增强爱国主义精神，发展创新能力，形成良好的品格和正确的人生观与价值观。

3. 跨文化性

通常而言，同文化背景下交际者的言语表达模式和认知思维模式按洪堡特（Wilhelm von Humboldt）的观点和萨丕尔－沃尔夫假说（Sapir Whorf Hypothesis），假设所陈述的“语言—文化—思维”的一致关系应该是同质的，而在跨文化的交流中则呈一种混合交叉的异质现象。这种混合交叉现象往往以违反其中一种文化的（交际）行为模式甚至两种文化常规都违反的形式出现，这样的现象也就被称为具有跨文化性。有些跨文化交际的研究者，如德国的博尔滕（Bolten），认为跨文化性作为两种文化之间的联系只有通过交际才会产生，而且总是产生于代表不同文化的交际者之间。

语言和文化是密不可分的，任何一种语言都有它独特的文化，英语作为国际交流思想的工具，本身承载着丰富的文化内涵，学习英语就应该了解英语国家的相关文化。中国文化和英美文化差异较大，在英语教学中，要培养学生的文化意识，让学生了解英语国家人们的生活方式、宗教信仰、思维方式，因此，就必须培养学生的跨文化意识。跨文化性虽然也像其他概念定义一样存在多种可能性，但这些理解都基于突破了以往局限于艺术或教育范围的、扩展了的广义文化概念，即文化被概括为一个民族或人类群体的常规化的价值观念、思维方式和行为规范。而价值观念在三者之中起主导作用。因此，跨文化性可理解为英语文化和汉语文化相遇所具有的特殊性，而且由于多种参数的介入使这种特殊性的体现方式千变万化，成为一种异态复型体，以至于到目前还很难总结出固定的规律。

第二节　高职英语的内涵及特征

一、高职英语与各种形式英语的比较

（一）高职英语与不同层级的英语

高职英语教学不同于本科英语教学。高职英语教学旨在以培养学生的应用能力为主，即“实用为主”。同样对于订单培养模式中的学生，我们不仅要传授一

些实用的英语知识和技能，而且要强调培养学生在工作中运用英语进行交际的能力。除此之外，“够用为度”强调的是我们的英语教学要“精”而非“泛”，不提倡“填鸭式”地一味传授知识，而是考虑学生的水平和实际情况后，对教材加以挑选。“够用”不仅要求“刚毕业时够用”，更要追求“终身够用”，要贯彻“实用为主，够用为度”的原则，必须从根本上改变以书本知识为本位、以教师为中心和以传授知识为主要特征的传统教学模式和教学方法，探索调动学生英语学习兴趣、提高学生自主学习能力、提高学生整体英语水平和应用英语能力的新的教学方法。

（二）高职英语与不同类型的英语

1. 公共英语

公共英语既指一般高职院校开设的基础英语，也包括高职院校开设的专业英语。高职院校非英语专业基础阶段的公共英语又称普通英语（English for General Purposes），它的教学目的突出“实用为主，够用为度”；突出实际语言应用能力的培养；突出语言基础能力与实际涉外交际能力的培养有机结合起来。

2. 专业英语

专业英语广义上称专门用途英语（English for Specific Purposes），是基础英语的后续。ESP 教学担负着促使学生从英语学习的基础阶段到应用阶段过渡的任务，它既不是单纯教授英语，也不是单纯传授专业知识，而是以实践练习为主，让学生学会在专业领域用英语去进行有实际意义的交流。①

二、高职英语课程规范

（一）课程定位

高职英语课程本着“实用为主，够用为度”的教学基本原则，以传授英语语言基础知识和培养英语基本交际技能为主要教学目标。

1. 教学对象

入学前接受过高中或中专教育的学生，就英语起点来说，一般应掌握基本的英语语音和语法知识，认知 1000 ~ 1600 个英语单词，在听、说、读、写、译等方面受过初步的训练。

---

① 桂杉杉．信息化环境下高职英语教学现状及应用探析 [D]. 武汉：华中师范大学，2015.

2. 教学目的

经过 180 ～ 220 学时的教学，使学生掌握一定的英语基础知识和技能，具有一定的听、说、读、写、译的能力，从而能借助词典阅读和翻译有关英语业务资料，在涉外交际的日常活动中进行简单的口头和书面交流，并为今后进一步提高英语交际能力打下基础。

3. 教学要求

本课程在加强英语语言基础知识和基本技能训练的同时，重视培养学生实际使用英语进行交际的能力。通过本课程的学习，学生应该达到下列要求。

一是词汇。认知 2500 个英语单词（包括入学时要求掌握的 1000 个单词）以及由这些单词构成的常用词组，对其中 1500 个左右的单词能正确拼写，英汉互译。

二是语法。掌握基本的英语语法规则，在听、说、读、写、译中能正确运用所学语法知识。

三是听力。能听懂涉及日常交际的结构简单、发音清楚、语速较慢（每分钟 110 个单词左右）的英语简短对话和陈述，理解基本正确。

四是口语。掌握一般的课堂用语，并能在日常涉外活动中进行简单的交流。

五是阅读。能阅读中等难度的一般题材的简短英文资料，理解正确。在阅读生词不超过总词数 3% 的英文资料时，阅读速度不低于每分钟 50 个单词。能读懂通用的简短实用文字材料，如信函、产品说明等，理解基本正确。

六是写作。能运用所学词汇和语法写出简单的短文；能用英语填写表格，套写便函、简历等，词句基本正确，无重大语法错误，格式基本恰当，表达清楚。

七是翻译（英译汉）。能借助词典将中等偏下难度的一般题材的文字材料译成汉语。理解正确，译文达意。

4. 语言运用能力

语言测试在考核英语知识的同时，着重考核学生实际运用语言的能力，采用“高职院校英语应用能力考试国家级试题库”进行检测，以做到测试的客观、公正。

（二）教学材料

根据教学目标和学生英语学习的实际起点，着重从教材难度，可操作性、趣味性、练习类型，同培养目标的适应性等方面考虑。

（三）授课模式

1. 教学理念

科学的教学首先要有科学的教学理念。学生学会一门外语要满足下列四个条件：①真实语境，以便创造真实的语言使用环境；②交际需要，以便具有语言的学习动机；③大量接触，以便掌握语言的使用规律；④交流互动，以便提高语言技能。

2. 课堂教学的“四化”

在遵循以上四个语言学习条件的前提下，课堂教学主要注重以下四个方面，从而形成和打造高职英语课程的授课模式。

第一，课堂用语的层次化。将课堂用语根据其功能分为日常运用性语言、操作性语言、解释性语言、思想交流性语言、主题辩论性语言，在学生学习的不同阶段分层次，分重点运用，从而创造语言学习的真实语境，引发语言交际的需要，增加学生语言的接触量。

第二，教师课堂角色的动态化。教师在课堂教学中的角色总是随着教学任务、学生的学习阶段等随时发生着变化。教师在课堂的主要角色有：知识和技能的权威→教学组织者→课堂发问者→疑难解析者→学习鼓励者→效果监测者等。动态化的教师角色实现了教学的交流互动，最主要的是培养了学生的主动学习习惯，充分发挥学生作为学习者的主观能动性，从被动学习向主动学习转变。

第三，学习策略的养成化。语言的学习从本质上讲是一种个体性的活动，充分发挥学生的主观能动性，让学生自己明了自己的学习目标、学习任务、学习方法、学习效果，以及自我检测是教学的重要目的。在课堂教学中教师对学生学习策略的讲解、发现和培养就是学生养成适合自己的学习策略的过程。

第四，学习效果检测的常态化。除了期末考试的检测方式以外，教师更多地是在教学过程中随时对学生的学习效果进行检测。讲授、练习、应用和检测都会在每一个单元中使用，学生的学习效果会及时反映出来，从而决定教师的讲授进度、讲授方法和练习形式。常态化检测已经成为高职英语教和学不可缺少的一个环节。

3. 语言教学功能的延伸和扩展

教师在语言教学中能够很好地体现“既教书又育人”的教育理念。通过语言内容教学，既可以培养学生积极的人生观、价值观，又开阔了学生的视野。通过语言的互动教学很好地培养了学生的自信心、交际能力、组织能力等。

（四）课程设计

教师的授课流程是我们的教学理念和课堂教学“四化”的具体体现，以培养学生英语听、说、读、写、译的语言知识和技能为主要目的。

1. 复习与导入

在巩固前面已学到的知识的同时，了解要学习内容的主题，相关背景知识，为有目的、有动机的学习做好准备。

2. 课文 A 的学习

本部分是一个单元的核心。教师的讲解和学生的互动交替进行。整个活动做到“四重”，即重文章主旨大意、重篇章结构、重理解和表达、重知识的系统总结。

3. 课后练习

鼓励互动和主动学习，起到巩固知识、练习技能的目的。

4. 课文 B 的学习

增大语言接触量，发挥学生自主学习策略，展示学生的学习效果。

5. 应用文写作

注重模仿和应用的平衡，在应用中学习和提高。

6. 听力部分

首先是音、词、句、段的输入和模仿，在此基础上将语言的输入和输出较好地结合起来，实现听力和口语的共同提高。

（五）课程特色

1. 互动式教学方式

互动式教学方式是产生真实语境的必要条件，是激发学生学习动机的前提，是学生接触语言，掌握语言规律的先决条件。互动式语言教学是教师摆脱传统的“语法翻译法”等“填鸭式”教学方法的必要手段。在教学内容上，互动涉及教学的全部内容，贯穿整个教学过程。在互动方式上，分为教师同学生的互动、学生同学生的互动、小组间的互动等。提问式、对话式、叙述式、讨论式、话题式等互动方式因教学的不同内容和阶段交替使用，使学生有机会接触和练习真实语言，做到学以致用。近年来，不断加强对互动式教学方式的探索和在课堂教学中的使用，教师基本能不同程度地采用互动教学，增强了教学的实际效果，也形成了教学特色。

2. 学生主动学习习惯的逐步养成

学生主动学习习惯的养成取决于多种因素，如学习环境、学习习惯、学习动机、学习方法、学习效果等。我们在教学实践中从学生的学习策略入手，利用课堂教学的机会，将带有普遍性的学习方法，根据不同的学习内容和学习技能分门别类，在不同的阶段引导学生逐步地去发现适合自己的学习方法，找到自己学习英语的突破口，让学生体验到因自己采用了正确的学习方法而产生的学习效果，从而产生浓厚的学习兴趣，明确各自的学习动机，只有如此才能逐步获得语言的实际运用能力。

3. 教学效果的延伸

教学效果的延伸充分体现“既教书又育人”的教育理念。外语教学属于语言学习，在语言的学习过程中，所学的语篇均为对国外的风土人情、社会习俗、社会生活、人文历史的介绍，这些内容对于开阔学生的视野，培养其积极向上的社会价值观有着积极作用，特别是通过对相关话题的讨论，学生之间也会产生相互影响，对于传播有益的思想观念，使学生的思想在耳濡目染中而不是强行灌输的情形下朝着有益的方向发展。另外，学好外语需要持之以恒，需要坚强的意志力。学生在这方面的锻炼，无疑对他们以后的工作和生活都会产生有益的影响。

三、高职英语教学的基本特征

高职院校学生生源呈多元化态势，学生英语学习基础差，英语水平参差不齐。很多学生连基本的英语书写习惯都没有掌握，订单班也不例外。很多订单班学生的选定是以入学考试总分优劣录取的，甚至是以自愿原则入学，对英语并不做特殊要求。加之有相当的生源来自广大农村地区，这些地区英语教学设施及条件相对落后，师资水平薄弱，学生基础差，学生普遍对英语学习的兴趣不高。在短短两年或三年的英语教学中，既要完成大学大纲规定的教学目标，又要补上基础英语教学的空白，任务相当艰巨。英语的学习从来不是一蹴而就的，而是前后连贯、一脉相承的，必须从基础学起，所以需重视学生基础薄弱的现状，教学中应继续贯穿必要的语言基础知识。

四、高职英语教学的规律

现代的英语学习强调交际语言教学和交际能力的培养。主张既重视语言的功能，又不忽视正确的语言形式。提倡建立一种能够培养学生独立开展创造性语言交际的环境。中南大学的吴玲英指出，高职英语教学规律的重要性强调要保持这个规律应注意两个方面，即明确的目的和间接的兴趣以及活动组织合理。相关的研究都表明，其实作为高职英语教学的规律离不开教与学的互动，互相促进。这充分说明了作为语言教学，高职英语的教学同样是离不开师生互动的教学规律。因此，对高职英语教学规律进行深入的研究分析对我们研究高职院校公共英语教学模式改革的动因具有较大的现实意义。

五、高职英语教学面临挑战

尽管高职教育由精英教育走向大众化，但高职学生整体英语基础相对较低，英语水平参差不齐现象依然存在。传统的英语教学模式不断暴露出弊端。以高职公共英语教学为例，教学中还存在如下的问题：一是指导思想不明确，课程设置不合理；二是教学的模式落后，教学方法、手段单一；三是教材缺乏针对性，脱离社会应用实际；四是师资力量薄弱，职业能力欠缺；五是教学条件和设施相对落后；六是考核方式落后，不符合就业需求。

这一系列的问题都在呼吁高职院校英语教学的改革。探索和构建“以就业为导向”的高职公共英语教学模式改革，既能够满足我国推进素质教育的客观需要，也能够通过公共英语教学使学生具有扎实的英语基本功和运用这种语言于实际工作的能力，从而较熟练地以英语为工具开展本专业领域的各项业务活动。

第三节　我国目前高职英语教育形势

我国虽然对高职英语教学进行了一系列的改革，但实际上并没有克服其自身的缺点。国家设立高职英语四六级考试的初衷是将其视为一项教学性考试，用以检测高职英语教学的质量和学习水平。在其推行的十几年时间里，一定程度上促进了高职英语教学的发展。但是随着社会对四六级考试及其证书过于看重甚至走向极端，使得大学公共英语教学演变成为四六级考试服务的本末倒置的局面。多年前，我国大学对四六级考试作出了硬性规定，规定每个学生都必须通过四六级考试，否则不能顺利毕业。后来国家对高职英语进行了改革，取消了对毕业生过四六级的硬性规定。但是社会对高职英语教学的期望值并没有降低，反而有所提升，比如相当一部分就业部门对大学生有通过四六级的要求，这就使得目前高职英语的教学改革发展并没有取得明显的效果，高职英语教学面临着一种尴尬的境遇。

同时，高职教育当前正面临着一个新形势。自 1998 年以来，在政府及社会各界的努力下，高职教育有了巨大的发展，普通高校在校大学生的人数增幅大，但是高职教育的师资却几乎没有增加或增幅不大。在有限的师资情况下，而学生却急剧增加，这实际上是一种最大限度利用原有资源的扩招，这势必要求进一步采取新的办法与措施，解放思想、实事求是，开拓创新谋发展，使优秀的资源得到共享，这样才能满足大量学生的需求和相对较少的教师资源之间矛盾的解决。而当前，科学技术的进步、经济全球化的发展、人才竞争的日益国际化，都依赖于高质量的新一代大学生的培养。[①]

而教育部“高职院校教学质量和教学改革工程”的启动正是迎合了上述对高质量大学生的需求。该工程主要包含四个方面：高职教育人才培养模式、教学内容、教学体系等方面的改革以及在校大学生质量如何提高的问题。高校质量工程分批启动，主要启动的四个方面：一是设置教学名师奖。国家对在教学、科研，特别是教学第一线长期从事教学工作的教授、名教授进行表彰。二是公共英语教学的改革。综合提高学生学习英语、运用英语的综合能力，突破大学生英语听说的“瓶颈”，使其成为一门运用自如的工具。三是精品课程建设。精品课的建设不仅局限于教案的改革，还包括教师队伍、实验机制的建设，也包含了教材的建设等，同时实行教案上网，形成真正的优质资源，并实现资源共享。四是教学质量评估。建立规范的评估制度，依据评估指标进行学校建设，这也是政府职能改变的重要组成部分。

在“质量工程”的实施中，素质教育是基础，教授是主体，信息化是手段。其中，教授上讲台，教授上好课是改革的核心所在。“质量工程”要求我们对现有的人才培养模式做出相应的变革，从而提高教学质量，同时这也是高职教育本身发展规律的需要。“质量工程”更有利于学生个性化的培养及创造性的发挥，它在打破传统教学、管理模式，淡化专业间差距，使课程设置更为柔性化等方面发挥

① 陈慧 . 翻转课堂在高职英语教学中的应用研究 [D]. 长沙：湖南师范大学，2016.

了重要作用；教学上信息化手段的应用，也要求改变单一的中文教学模式，实现向双语教学的转变；实行完全学分制。

高职英语教学应以“培养学生实际运用语言的能力为目标，突出教学内容的实用性和针对性”，并强调在教学中要遵循“实用为主，够用为度”的方针。参考有关高职教学改革的文献，有学者从理论的、宏观的角度进行研究，构建了“五环”教学模式、“研究式”教学模式、“相似互助”教学模式等著名教学理论模式。关于高职公共英语改革内容，学者多从教师队伍、教材、设施、教学管理、课程评估等整体微观方面进行论述。教学方法上，提出了分班教学、分级指导的理念，采用任务型外语学习方法，以学习者为中心等积极有效教学模式。

总的来看，研究高职课程改革目标首先对准的是专业、技能类课程。但多以教学法为主，倡导多种教学与学习方法，对高职基础课程问题研究的人员并不多。此外，人们在高职公共英语课程对就业的导向作用的问题上，认知能力显得严重不足，使得一些教学理论在实际教学中不能真正取得实效。

第二章　高职英语课堂教学理论

第一节　高职英语课堂教学的有效性

高效的英语课堂教学是满足学生有效学习的前提，是实施素质教育的重要保证。然而分析当前高职院校英语教学的现状，却发现高职英语教学存在教学低效的问题，无法满足学生未来职业岗位的工作需求及终身自主学习的需要。因此，探讨课堂教学的有效性是目前教师应该首要考虑的问题。[①]

高职院校应培养具有可持续发展的高素质和学科完整性发展的现代技术应用型人才。因此，高职英语作为公共基础课程，已经成为各高职院校提高办学层次和能否培养出现代技术复合型人才的重要标志。高职英语能否完成既定的教学效果也越发引人关注。

一、高职院校英语教学的现状

高职英语课程隶属公共必修课，英语教学大多被看作一门学科，对于重视职业技能方面培养的高职院校来讲，很难引起有关方面的注意。而且部分教师为了完成每学期规定的教学任务，过多重视教学环节的准备，忽视了教学内容的趣味性和学生岗位的相关性。结果，大多数不熟悉基础知识的学生无法跟上课堂教学的进度，造成对英语学习没兴趣、没信心，影响了后续学习效果。

（一）学习英语语言上存在的问题

一般来说，对于母语之外的第二语言的学习，最大的困难不是汉字与英语字母的转换，而是母语思维向外语思维的转换和外语思维的软着陆。如果所学的语种与自己的母语相接近，那么第二语言习得学起来就容易些，这是因为容易进行

---

① 安维彧．雨课堂“三联动”混合式教学对高职学生英语学科核心素养发展的影响研究——以“职业提升英语”视听说课堂教学实践为例 [J]. 英语广场，2024（23）：90–94.

思维的切换。而对于与母语差别较大的语种，如像中国人学英语，由于在这两种语言之间进行思维的切换较难，因而学习起来就会困难重重，久而久之，学习者就容易失去学习的积极性和信心。

（二）学生方面的问题

从调查数据来看，高职学生对英语这门课程兴趣不高，从小学到大学，十几年的学习经历却没有养成良好的英语学习习惯，学习效果较差。究其原因，一是词汇量较少。大约 75% 的学生英语词汇量不足 1200 个（高中生应具备 3500 个单词），所以词汇量不足致使大部分学生在课堂上无法参与正常的教学活动。二是语法基础知识薄弱。在教学过程中发现，对于最基本的英语语法知识，如词类、句子成分及结构，多数学生并不了解，复杂的语法规则更是无从谈起，这就直接影响了他们的正常阅读和翻译。三是对英语学习不感兴趣。因为“英语”是规定的必修课程，为了拿到学分，才被迫来上课，学习效果可想而知。四是英语学习方法不恰当。有问卷调查发现，将近一半学生没有正确有效的英语学习方法，不知道在上课前（预习）、课堂（笔记）、课后（复习）该做什么。统计发现，影响学生课堂学习效果的主要因素并不是基础知识薄弱，而是课堂心理因素、学习目的及学习态度。

二、如何理解“课堂教学的有效性”

有效的教学，通常是指授课教师在经过一定时间的课堂教学后，所教学生身上发生的变化，取得的具体进步或发展。其中的“教学”，是指教师由发起、管理并提升所教学生学习的所有行为方式和策略。从学生角度来看，有效教学应指通过教学活动促进了学生的学习，并且对学生的未来就业和生活有所帮助的教学。从教师角度来看，有效的教学活动是指教师能够准确清楚地解释学科内容，激发学生的学习兴趣，帮助学生制定适合自身发展的学习目标，培养学生独立学习的好习惯等。

高职英语的有效教学是指教师要遵循英语教学活动的规律，采用适合高职学生基础知识的教学方法，以最大的效率实现预期的英语教学目标，使学生成绩提高并用所学知识胜任未来岗位需要，实现可持续发展的教学活动。

高职英语有效教学要体现如下特点：一是多重的教学目标；二是准确适用的教材；三是有职业属性的教学内容；四是科学性的教学组织；五是融洽的师生关

系。涉及三个方面：一是课堂教学的有效实施，即教师必须提高课堂教学的有效知识量和科学运用多种先进的教学方法；二是课堂的有效管理，即教师要创造良好的课堂气氛并善于和学生沟通，实时改进交流方式；三是课程全程的有效学习指导，即教师要培养和激发学生的学习兴趣，创造问题，模拟情境，兼顾层次，以强带弱，考核评价。

三、高职英语教学有效性策略分析

（一）教师必须有清晰的教学思路

教育家叶圣陶先生曾说:“教师之为教，不在全盘授予，而在相机诱导。”这是指教师的教学理念，即“相机诱导”，教师的教学不依赖于整体灌输讲授，而是诱导学生学习兴趣的时机。关键在于教学理念不仅存在于教师的头脑中，也存在于书面的教学案例中，必须转化为一种可行的课堂教学活动，这就是对教师教学能力的检验。在课堂教学中，教师的教学思路清晰，学生的思维也就逐渐清晰，他们才有可能获得创造性的思维。教师个人的思维品质集中体现在课堂教学环节的设计上，体现个性化的色彩并潜移默化地影响学生，从而师生共同完成一堂有品质的课。

（二）教师讲授需把握分寸

教师在课堂上适当地讲解能帮助学生理解该单元的主旨思想，提高他们的鉴赏力。蜻蜓点水或过于深入的渗透，都无助于学生的文化积累和思维训练。教师应该控制好教学内容的程度。讲得太多太宽泛，会使学生处于休眠状态；而讲得太深太专，也会使学生处于不知所措的状态。从维果茨基（Lev Vygotsky）提出的“最近发展区”理论来看，教师的讲授可遵循可接受性原则，因材施教，在学生可以接受的范畴内开展教学。

（三）教师要善于设计问题，促进学生思维能力的提高

有效提问能探索并优化认知结构。教师的提问要具有导向性、有代表性，可以从单元模块中提炼，也可以从背景文化中挖掘，目的是帮助学生进行思考。能够较好地使用课堂用语也是每位授课教师应努力修炼的本领。在课堂上，讲话的语气和措辞要注意，使用学生能接受的语调。同时，注意语调的抑扬顿挫、语词的简单明了，这样能为课堂教学增色添彩，有利于课堂教学质量的提高。

（四）提高学生参与教学全过程的程度

如何打破英语课堂的沉默现象，创设全员参与、互动良好的课堂，是教师必须解决的问题。毫无疑问，学生的课堂参与度是检验英语课堂是否有效的标准之一。有关数据表明，如果在一堂课上有 70% 的学生能积极参与课堂教学活动的全过程，就可以认为这是一堂高效率的课。课堂教学是教与学统一的过程，但不能就此认为教师的教与学生的学是同时进行的。实际情况是，你在教而我未必在学。教师要考虑学生在课堂上的感受，让学生有机会参与教学目标的制定、教学方法的选择，把课堂让给学生，在课堂任务的驱动下，迫使他们主动参与课堂教学活动。

（五）营造公平和谐的课堂教学环境

良好的课堂教学环境是有效开展教学活动的前提条件，其由课堂教学的物理环境和心理环境两个方面组成。物理环境是指必须改进教学场所，包括教室布置、学生座位的安排、黑板和多媒体的有效利用等。美国心理学家卡尔·罗杰斯（Carl Ransom Rogers）提出了“以学生为中心”的教育观。其主要思想是，教学环境能帮助学生改变，使学生学会和训练学生成为“适应变化、学会学习、发挥独特人格作用的人”。由此看出，人的创造力是在感受心理安全和心理自由的前提下达到最大的表现与发展的。因此，教师应尊重学生，在课堂上与学生进行情感上的交流和思想上的共鸣，了解学生的真实感受和课堂反应。值得注意的是，授课教师要公平对待每位学生，如果教师只是偏爱基础好的学生，会造成基础差的学生跟班困难，导致其态度消极不参与课堂教学活动，直接影响课堂教学效果。教师要照顾这些学生，使他们不被边缘化，根据他们的能力水平安排一些比较简单的任务，主要是基于理解和记忆并不断督促，使他们能跟上班级的整体水平。小组合作学习模式可以帮助这些学生解决学习上的困难。此模式可以促进学生开阔思路，互相协助，通过逻辑分析来解决问题，发挥学生的学习潜能，以强带弱，有效提升学生的积极性和学习成绩。

（六）利用多媒体技术优化课堂结构，注重教学实效

高职英语属于应用型语言，语言学习离不开语境和情境。教师利用多媒体课件播放英语微视频、微课、英语演讲和英语听力，让学生有触视感，通过感官刺激，身临其境地来收获知识，了解异国文化和理解语言材料，在具体的语境或情

境中感知词汇的应用场景，培养学生养成用英语思维的习惯。因为高职英语教学一定要结合学情和职业特点，所以利用多媒体还要有针对性的教学策略，开发符合学生未来岗位需求的人才培养计划，专业性人才定性定向培养，达到自主、终身学习之目的。另外，利用现有的网上学习平台学习，也是对课堂学习的无限延伸，学生可以在任何时间、任何地点自主学习。

（七）反思性教学有利于高职英语课堂的有效教学

反思性教学是对教学经验的反思，是指教师以自己的教学活动为意识对象，对自己的教育理念、教学行为、决策以及由此产生的结果进行认真的自我审视、评价、反馈、控制、调节、分析的过程。它是教师回顾过去、审视现状、规划未来的有效途径。同时，反思性教学也是教师培养职业情感、树立专业观念、提高教学技能的过程。首先，英语教师应通过对每堂课结束后整个教学过程的反思，认真总结这门课程是否达到了预期的效果。其次，教师可以从批改作业、试卷、联系学生等方面获取学生的反馈信息，记录和改进学生学习中常见的典型问题。再次，英语教师可以互相学习，听讲座（听专业教师的课，提高自己的专业技能），改进教学方法和课堂管理能力。最后，鼓励学生对教学过程进行反馈，教师收集反馈结果回归至课堂从而提高效果，通过这种自我反思、自我控制和学生反馈的方式，把教与学有效地融合起来。

（八）培养能融入专业课程知识讲授的英语教师队伍

培养能融入专业课程知识、高水平的理论知识的双师型教师，改进教学理念，体现高职公共英语教学的特点。公共英语教师要经常与所在院系的专业教师互相听课、互相探讨，了解地区经济与专业最新的发展动态，因地制宜地实时融入实际课堂教学中。如此，教师能更好地完成高职英语教学任务，结合学生的岗位工作，准确定位教学内容，因材施教，以教为本，因岗施教。

总之，高职院校要构建有效的英语课堂教学体制，需要学院管理层面、教师和学生三方的共同努力。高职院校领导在教学软硬件设备及教室环境营造等方面大力支持；同时教师要不断地学习充实自己的理论知识储备，不断地完善自身专业知识素养，在“互联网＋”大数据的时代背景下，使用多媒体技术改进教学方法，营造和谐良好的师生关系，课前精心设计过程，课中指导、演示并互动，课后诊断，并反思且回归至课堂，如此来提高英语教学的有效性，才能培养出新时代合格的职场复合型人才。

第二节　高职英语课堂教学的困境与改进

英语课程在高职教育阶段是重要课程，对于培养学生的英语能力具有直接的作用。近年来，教育改革不断深入，对于高职教育而言，也需要顺应时代趋势做出改变。从目前的实际情况来看，英语教学陷入了一定的困境之中。对此，笔者针对目前高职英语教学面临的困境展开分析，对其具体措施予以探讨，希望能够给广大高职英语教师提供参考，切实提升高职英语教学的有效性。

一、目前高职英语课堂教学面临的困境

当前高职英语课堂教学的具体开展存在一些明显的问题，这导致课堂教学的效果不好，不少学生在课堂上对相关的英语知识未能形成有效认识，从而影响了教学活动的有效性。具体来讲，高职英语教学目前面临的问题主要表现在以下几个方面。

第一，教学活动趣味性不足，学生课堂参与积极性不强。从课堂教学的实际情况来看，部分学生在课堂上并未有效参与学习。在教师进行讲解时，有些学生根本没有认真听讲。究其原因，在一定程度上是教学活动缺乏趣味性，未能激发学生的兴趣，从而导致学生的课堂参与感偏低。所以，要想突破这一困境，就需要实现课堂教学的趣味化构建，给学生创造一个优良的学习环境，这样才能使其有效参与。①

第二，课堂教学未能体现出学生的主体性，教学活动理论化程度较高。从当前教育教学的发展改革来讲，“以生为本”是一个核心理念，这一理念要求教学活动要立足学生实际学情以及学生自主学习，构建起以学生为本的课堂模式。虽然教育改革提出了这样的理念要求，但是在实际教学中，部分教师并未对此予以落实，在课堂上还是局限于传统的讲读式教学，单方面对学生展开英语知识的讲解。在这样的模式下，学生依然处于被动状态，未能在课堂上实现主动参与，从而导

① 任林香．运用现代教育技术优化高职英语课堂教学实践研究 [J]. 公关世界，2024（15）：142–144.

致课堂教学未能达到理想的效果。

第三，课堂教学过于局限，缺乏向外拓展。英语学习不能仅局限于课堂，要想让学生的英语能力素养得到切实提升，就必须经过大量的实践练习。而课堂时间有限，这就需要将课堂教学向课外拓展，基于信息化的平台渠道，引导学生在课外展开有效的学习，实现课堂教学的延伸。然而，从目前实际来讲，在高职英语教学中，虽然出现了在线作业平台，但是却没有与课堂教学形成有机联动，没有最大限度地发挥教学作用。

二、高职英语教学突破困境的具体策略

鉴于高职英语教学目前面临的一些困难问题，英语教师要对此加强分析，了解这些问题产生的根本原因，以及其所带来的影响。然后，对教学互动进行合理的优化，最大限度地实现对高职英语教学模式的重构。

第一，融入趣味元素实施趣味化教学。高职学生虽然一般已经达到成年人的年纪，但是实际上很多学生的心态并不成熟，对于学习和未来并没有明确认知，在学习中缺乏主动性和积极性。为了让学生切实参与英语学习，就需要在课堂教学中融入趣味元素，实施趣味化教学。一是借助游戏元素辅助教学。许多高职学生对游戏充满兴趣，在进行英语教学的时候，可以将游戏中的一些元素引入建立，实施趣味化教学。比如教学英语翻译的相关知识时，就可以引入手机游戏中的一些人物台词，让学生对这些台词进行汉译英。二是基于电影元素辅助教学。除了游戏，高职学生对于好莱坞电影也充满兴趣，尤其是超级英雄类型的电影，由于其具备震撼的视觉效果，受到很多学生的喜爱。在英语课堂上，可以借助这些好莱坞电影，节选其中的一些片段，围绕电影台词，对学生进行英语语法知识的讲解，这样可以充分激发学生的学习积极性。此外，还可以对其他趣味性元素予以利用，与英语教学结合起来，构建趣味化的英语课堂。

第二，构建以学生为本的自主学习课堂。在高职英语教学中，还需要关注学生的自主学习，要将学生的主动性发挥出来。为达到这样的目的，需要在教学方法上灵活创新，以新方法取代以往的老方法。一是问题导学。这种教学方式是以问题为核心，结合课本内容，设计一系列思考问题，在课堂上让学生基于这些思考问题，探讨课本上的英语知识，加强知识掌握。二是翻转课堂。除了问题导学，还可以构建翻转课堂，将微课这种教学素材利用起来，针对课本内容，设计多样

化的英语微课。课堂上通过微课构建课堂，引导学生自主学习。此外，还有一些其他方法可以使用，英语教师需要结合实际，灵活把握控制。

第三，基于信息化渠道实现教学拓展。高职英语教学不能局限于课堂，还需要基于信息化渠道，实现向外拓展。一是借助线上学习平台，拓展学生的线上学习。也就是在课堂教学开始前，设计课前预习任务，让学生通过在线平台完成这些预习任务，为课堂教学奠定基础。二是借助“双微一抖”（微博、微信、抖音）此类新媒体平台，在客户端给学生布置实践性的英语练习，如录音、拍小视频等，通过这些方式，可以有效摆脱传统作业的单调性，激发学生的英语学习兴趣，同时在参与过程中，对相关英语知识做到实践运用。

在对高职英语进行教学的过程中，英语教师应该认识到目前教学活动存在的困境，理解这些困境给英语教学带来的影响。在此基础上，需要从多方面改进英语课堂教学，实现教学拓展，推动高职英语教学不断向高层次发展。

第三节　高职英语课堂教学中的文化导入

在高职教育体系中，英语学科一直占据着不容忽视的地位，学生要想获得良好的发展前景，必须学好英语，能够使用英语与他人交流，这就涉及在高职英语课堂教学中如何有效地进行文化导入，确保学生能够更加深入透彻地理解英语知识，掌握英语交流能力。[①]

一、文化导入在高职英语课堂教学中的重要性

第一，提高学生的语言交流能力。在传统的高职英语课堂教学中往往存在着这样一种误区，即过于注重对理论知识的传授，忽视了对学生英语交流能力的培养，教师一味采取“填鸭式”的教学方式，很少给学生提供交流的机会。这种教学理念无疑是本末倒置，阻碍了学生英语水平的发展。文化导入的应用有助于增强学生对英语文化的认知和理解，促使学生更加灵活地应用英语词汇、句式和语法，对于学生英语交流能力的提升大有助益。

① 林学梅，侯博，陈敏．高职英语课程思政“三三课堂”教学模式构建与实证 [J]. 林区教学，2024（7）：24–28.

第二，提高学生的理解能力。由于中西方文化的差异，学生在学习英语的过程中会遇到各种各样的问题，对英语内涵的理解不够全面，在交流时也会出现极大的障碍，这与高职院校的英语人才培养目标背道而驰。文化导入的应用为学生深入理解英语语言创造了契机，通过对文化背景、风俗习惯、语言特点进行讲解，学生对西方文化的认知水平将会达到一个新的高度，在运用英语与他人交流时也会越发游刃有余，得心应手。

第三，激发学生的学习兴趣。高职学生的英语基础较为薄弱，他们的学习动机不够明确，学习兴趣相对匮乏，在英语课堂教学中的表现不尽如人意。应用文化导入，结合具体语境来教授英语知识，促使学生在学习英语的同时进一步了解西方文化，加深学生对英语知识的印象，通过长期的积累和沉淀，学生的英语学习能力将会显著提高，并树立良好的自信心，在此情况下，学生对英语也会保持持久而强烈的学习兴趣。

二、高职英语课堂教学中的文化导入策略

第一，信息化导入英语教学。现如今我国已经全面进入信息时代，现代信息技术的广泛应用给高职英语教学注入了源源不断的生机和活力，能够将复杂难懂的知识变得简单化、形象化，清晰直观地呈现在学生面前，帮助学生快速接受新知识，巩固旧知识，可以说，在高职英语课堂教学中应用现代信息技术是十分必要的。教师应顺应时代的潮流，大力发掘网络资源，构建信息教学平台，以丰富英语教学内容和教学形式，调动学生的主观能动性。比如，在课前布置预习作业，让学生在网络上查找资料，为课上教学做好充分的准备；或者将教学内容制作成多媒体课件，添加文字、图像、视频、音频等元素，给予学生强烈的感官体验，让学生自觉代入语境中，领略英语的独特魅力。与此同时，教师还要坚持以学生为主体的原则，鼓励学生积极参与高职英语课堂教学，提高学生的课堂参与度，以锻炼学生的思维能力和交际能力。

第二，文化背景导入英语教学。在全球经济一体化的背景之下，国际贸易往来越发频繁，高职学生在毕业后不可避免地会涉及与外国人打交道。为了实现学生的快速就业，必须传授学生交流的技巧，防止在交流过程中出现误会，引起他人的反感。除此之外，高职学生正处于好奇心旺盛的年纪，他们对外界事物有着强烈的求知欲和探索欲，教师要善于利用学生的这一心理特征，将西方国家的历

史和文化背景潜移默化地融入英语教学内容中，循序渐进地提高学生的英语素养。比如，在称呼英国人时不能用 Englishman 一概而论，因为英国是由英格兰、苏格兰、威尔士和北爱尔兰组成的，有些地区的人们不喜欢被称为 Englishman，在遇到他们时要学会变换称谓，这样才能赢得他们的好感。所以说在高职英语课堂教学中，文化背景的导入非常关键。

第三，情境导入英语教学。众所周知，英语学习需要在特定的语言环境中才能取得事半功倍的效果，一方面为学生的理解和掌握提供了便利，另一方面要激发学生的学习热情，给予他们学习的动力。教师可以将英语教学与学生所学专业结合起来，设置实际工作中经常出现的真实情境。比如，在洽谈国外业务时需要接待英美国家的客户，使用一些专业术语，如果学生能够将这些知识提前掌握，他们对日后的工作就会充满信心，在学习英语时也会更有斗志。教师要安排学生分别扮演不同的角色，可以播放相关视频，以供学生参考和模仿。每组学生表演时，其他学生要耐心观看，并在表演结束后指出其不当之处，以便学生弥补自身的缺点和不足，逐渐向着更高的层次发起冲锋。

第四，价值观导入英语教学。西方国家都有自己的历史文化，形成了自己的文化价值观，这是该国与其他国家明显的不同之处。这种价值观的差异已经渗透在每个国民的血肉和骨骼之中，教师要在日常的英语教学中注重对文化价值观的介绍和引导，让学生能够更好地了解英语国家的文化价值观，从而形成自己的思维方式，更好地学习和运用英语。

第五，思维方式导入英语教学。英语教师要重视历史文化背景下人们思维方式的差异性，在教学中渗透文化知识，引导学生运用英语思维来学习英语知识。所谓英语思维就是随时随地能用最简洁的英语，流利、纯正地表达头脑中所思所想，形成本能的、条件反射的思维方式。而英语思维能力的培养重在实践练习。通常情况下，如果缺乏英语思维训练，就会将读过或听过的英语信息翻译成母语，形成自己的记忆，并没有直接将英语存储在记忆中，这种思维方式对英语学习极为不利，这也是大多数中国人学习英语的一个障碍。所以，教师应鼓励和引导学生形成英语朗读习惯，对英语国家的语言进行模仿，形成语感，通过长期的努力会达到自然状态，也就是母语状态。同时，引导学生对所学单词、词组和句子进行分析、应用、评价和创造，发挥学生的创造力，答案不“唯一论”，这样对于学生的思维训练才能持久并且提高能力，才能帮助他们的语言归于实际生活运用。

第六，本国文化导入英语教学。要想提高学生的英语应用水平，比较有效的方法就是导入本国文化。如今我国在国际上的地位越来越高，英语教学的目的是将本国文化传播到世界的各个角落，基于此，教师应积极转变教学观念，在高职英语课堂教学中将本国文化与西方文化进行对比，使学生摆脱思维的桎梏，明确文化差异，消除交流障碍，进而培养学生的民族自豪感，提高学生的英语应用能力。这不仅有助于本国文化的传承和发扬，而且为高职英语课堂教学的顺利开展奠定了坚实的基础。

高职英语课堂教学中的文化导入有着重要的作用，能够激发学生的学习兴趣，提高学生的理解能力、创造能力和交际能力，为学生综合素质的全面发展创造良好的条件。教师应采用先进的、现代化的教学理念和教学方法，大力引进信息技术，营造生动活泼的课堂氛围，使学生在轻松愉悦的环境中主动学习，从而保证高职英语课堂教学的实效性。

第四节　高职英语课堂教学的自我反思

一、课堂教学诊断的内涵

课堂教学是教师的主要工作，课堂教学自我诊断作为一种教学研究的方法，是提高教师专业能力的重要途径。课堂教学自我诊断是基于教学设计、教学实施的一种研究方法，主要是指诊断者通过采用一系列的手段，对课堂教学展开诊断过程。

二、职业院校英语课堂教学自我诊断的主要视角

（一）职业院校英语课堂教学要素诊断分析

要素诊断是课堂教学的基础，其主要依据是英语教学标准、课程标准等内容。通过审视与判断教学实施过程中的各要素，总结经验，发现问题，分析产生问题的原因，以此提出有针对性的改进措施。英语教学要素包含教学目标、教学内容设计和教学方法三个方面，对这三个方面展开诊断，包含如下。

第一，教学目标是否明确、合理、可行，是否符合英语课程标准和新教学理

念的要求，符合教材要求，符合学生实际，符合职业院校技术技能人才培养要求。

第二，教学内容设计是否合理、科学。是否充分体现信息化教学理念，体现英语学科特色。是否全面关注学生的知识、英语听说读写能力、情感态度和价值观的获得和形成，是否营造师生、生生互动的氛围，并积极运用启发式、讨论式教学。

第三，教学方法是否积极运用启发式、探究式、讨论式、参与式教学，教学组织与方法是否得当，教学活动学生参与面是否广泛。需要将学生的主观能动性充分发挥出来，突出其主体地位，以此体现“做中学、做中教”。①

（二）职业院校英语课堂教学结构诊断

教学结构不仅指对教学时间的分配安排以及过程的规划，还包含“教”与“学”的人际关系结构，即师生关系和生生关系。强调学生的主体地位，职业院校的学生英语基础比较薄弱，学习兴趣不浓，调动学生上课的参与度十分重要。因此在英语课堂教学诊断过程中，其核心在于诊断学生对该课程的参与人数、时间、态度及效果等。这样的结构诊断，有利于提高教学的适合度，促进和谐的师生关系、生生关系的构建。

（三）职业院校英语课堂教学效果诊断

对教学效果的诊断，需在要素诊断与结构诊断基础上，通过分析学生知识掌握程度存在的差距，了解英语课堂教学目标，并将其作为教学诊断的核心。而诊断内容主要有英语教学目标完成情况、学生对课堂学习内容的理解和掌握程度、学生的学习能力等。比如学生能否有效地达成教学目标，可通过运用信息技术，解决当前教学过程中所遇到的一系列问题，且教学所取得的成效明显。学生乐学、会学、学会，不同层次学生均有所发展，课堂教学真实有效、气氛好，切实提高学生的学习兴趣和学习能力。

三、职业院校英语教师课堂教学自我诊断能力提升的策略

（一）培养教师思考学习教育理论的习惯

要提高英语教师的教学诊断能力，就需要根据教师课堂教学的实际情况，通

① 李海霞．基于核心素养培养的高职英语课堂教学设计探析 [J]. 海外英语，2024（13）：217-219.

过结合教学实践内容，展开对教师思考学习教育理论的习惯的培养；通过对教师思考学习教育理论的习惯的培养，将其教育理论与教学实践结合，从而加强理解理论语言在教学中的运用。对教师思考学习教育理论的培养，可以解决教师教学过程中不知道怎么做、为什么这样做的问题，使教师专业成长有理性地介入，从而加强教师理性自觉的培养。可启发教师的思维，使教师从不同理论角度，在多方面对教学实践进行合理解释。而在此过程中，教师对教学过程中所出现的问题进行发现、诊断与分析，从更高的角度重构教学实践等。教师只有通过不断反思与总结，在教学诊断实践过程中将其与学习教育理论相结合，转化英语教育理论与教育行为，才能不断提高教学诊断能力，超越教学诊断的经验和技术水平。

（二）建立良好的职业院校教学诊断制度和文化

首先，学校要营造良好的教学诊断文化。在教学诊断过程中，学校在尊重诊断教师主体性的基础上，还需要听取教师诊断后所发表的观点与意见，以促进教师个人理性的发展；可通过营造符合其教学诊断的氛围，根据职业教育实际情况，使每一次的教学诊断活动功能充分发挥，并成为教师之间思维碰撞、观点交锋以及理念生成的思想盛宴，让每一次教学诊断过程都成为教师共同学习、共同成长的过程。只有这样，才能在教学诊断过程中快速促进教师专业成长，不断提高诊断能力。

其次，学校需建立良好的教学诊断制度。特别要注重教师教学诊断的特性，如日常性、系统性、合作性和聚焦性等，即教学诊断要成为一项日常的活动，而不是可有可无的教学摆设。教学诊断要根据学科教学的实际情况，有计划、有目的、系统性地安排，以使教学诊断在深入推进教师教学能力的同时，可系统发展教师的教学诊断能力。

最后，教学诊断既要为教师创造合作诊断的机会，又要注意教师个人自我反思式诊断，可根据教师共同关注的问题，以此提炼教学诊断的主题。

第五节　核心素养体系下的高职英语课堂教学

随着经济全球化发展，英语在国际上占据一定地位。在新课标背景下，高职英语教学面临全新挑战，传统的教学方式不能适应新时代的快速发展要求。对此，高职英语教师有必要在实际的英语教学活动中注重对学生核心素养的培养。笔者认为，坚持核心素养首先要认清教学理念，其次是完善教学培养目标，最后是个人品质的培养。这并不是一朝一夕所能完成和实现的，需要教师创新、变革现有的教学模式，实现高职英语课堂教学方式的转变，注重对学生学习兴趣的培养，提高教学的质量和效率。①

一、核心素养融入高职英语教学的重要意义

核心素养是教育部根据教育方针所制定的具体化理论，它在高职英语教学中有着十分重要的指导作用，可以说核心素养是高职英语课堂的灵魂支柱和核心思想。众所周知，教书重在育人，塑品德，辨是非。而教育部提出的核心素养理念明确表达出教师在学生各个学习阶段所应教给学生的理论知识和道德素质。因此，核心素养在教学之中具有核心的指导作用，能够有效帮助教师做出教学判断，帮助学生在学习之中更好地成长，在成长之中不断丰富自我文化内涵。

“素养”这个词的含义十分广，它不是基本技能，而是所有技能的核心，它不只包含专业知识,也包含个人品德。“核心素养”更倾向于人的基本素质。无论是责任担当还是实践创新，都要求学生做到认识自我、发展自我。所以说，受到核心素养影响的高职英语课堂更注重对学生寻找问题、解决问题能力的培养，是符合高职英语课堂教学要求的。

二、高职英语教学培养学生核心素养的重要性

在高职英语教学中，培养学生的核心素养不仅能够加强学生的学习兴趣，提高英语课堂的教学质量，同时能够引导学生形成正确的世界观、人生观和价值观。高职英语教师在实际的英语教学课堂活动中应该转变教学观念，除教学生基本的书本知识以外，还需要将核心素养教育渗透在日常教学活动中，以便促进学生的全面发展和进步。

高职英语教学中培养学生的核心素养可以促进学生的全面发展，同时这也是我国教育进步发展的必然途径。现如今，我们对一个人的评价不仅是其知识水平的高低，还会以其素养的高低作为评价标准。高职英语教师应该充分认识核心素养教育的重要性，在教学活动中有意识地渗透核心素养教育，把核心素养教育当

① 郭丽娜．高职英语教学中的课堂互动与合作学习探究 [J]. 英语广场，2024（18）：61-64.

作高职英语教学中的一项基本工作，绝不能一味追求课堂进度，而忽视对学生核心素养的培养。

基于以上原因，随着我国教育体制的深化改革，高职英语教学以培养学生的核心素养为基础进行课堂教学的转变已经成为高职英语教学发展的必然途径。

三、基于核心素养高职英语课堂教学方式转变的策略

第一，坚持以学生为主的教学理念。核心素养要求教师认清学生才是校园教学的主体，核心素养要求学生能够在校园学习的过程之中实现全面发展，综合发展。就高职英语课堂而言，教师必须遵循以学生为本，建立和谐的高职英语教学课堂。现代很多教育理论提出，师生之间的互动是促进学生优化思维，培养专业能力的重要方法。学生在高职学习阶段依旧处于一种智力发展阶段，需要教师能够不断引导和加强学生的学习意识与学习观念，帮助学生实现自主学习。教师与学生的和谐发展能够使师生关系和谐，使学校的人文环境更加浓郁。

学生学习英语知识不仅是知识储备的需求，更是一种情感和理解的需求。教师要能够充分认识到学生的情感需求，围绕教材设计符合学生情感发展的教学方式，依据学生的学习兴趣来研究教学方式和教学理论，这不仅适用于高职英语学科，对任何学科都是十分适用的。教师要充分认识到教师的教学目标和教学任务是引导学生学会认知、学会学习，只有这样，学生在未来的生活和学习中才能更好地发展。

第二，培养学生良好的英语学习习惯。我国著名教育学家叶圣陶先生说："教育就是培养学习习惯。"核心素养的教学要求提出要培养学生良好的学习习惯。在高职英语教学之中，教师如何培养学生的英语学习习惯呢？笔者有以下几点实际建议。

一是培养学生说的习惯。很多学生的英语学习成绩很好，但性格内向和害羞，不敢说，不敢张口。英语是一门工具性学科，学会但不会说就等于没有学。教师应鼓励学生多说，大声说，大胆说。调查研究显示，大声朗读能够促进神经兴奋，提高学生的记忆效果。因此，教师要时不时地与学生交流，让学生养成说的好习惯。

二是培养学生听的习惯。英语不仅要会说，还要会听。教师应培养学生听的习惯，让学生注重教师在朗读过程之中的口音、口型。只有听得准，学生才能够读得准。另外，随着听力考试在英语考试中所占据的比例不断扩大，笔者认为教

师教会学生听就更加重要了。教师要在每天早自习上要求学生读，要锻炼学生听，在长期的英语环境熏陶之下，学生最终会养成良好的英语学习习惯。

三是培养学生写的习惯。很多学生会写英语，但格式、字体、内容都有问题。笔者认为，教师要适当训练学生的写作能力，无论是字体、格式还是内容都需要加强训练，不能仅期望靠内容改变全篇作文，这显然是不现实的。只有综合能力足够优秀，作文才能获得一个较高的分数。在未来的生活之中，学生很有可能用到英语，因此书写十分重要，教师一定要培养学生良好的书写习惯。

四是在阅读中培养学生的思维品质。学生的思维品质是学生的个性特征，能够反映学生的创新、逻辑、批判等方面的水平和特征。长期的阅读能够帮助学生提高创新思维，加强逻辑表达，提升批判准确性。笔者认为，教师可以利用各个单元的阅读课设置部分问题，有目标地针对学生性格特征的养成进行提问。有意识地训练学生的思维品质，使学生在英语学习乃至其他学习中都能保持一种良好的学习品质。教师在阅读教学活动之中，应从多个角度寻找各种答案，让学生能够将语言与品质活动相互结合，有意识地调动思维能力，积极思考和解决各种问题。很多时候，文本教育提倡优秀品质的培养，在高职英语课文中也有很多个人素质的专题教育，教师可以让学生经常阅读甚至背诵这些课文，加强批判思维和判断思维，这对于学生个人品质的塑造有着十分重大的影响和意义。

总而言之，随着教育改革和发展，核心素养逐步走进课堂。发展学生核心素养逐步成为高职英语教学的重要目标。教师遵循核心素养的指导能够规范自己的教学，完善教学认知，坚持以核心素养理论进行教学能够促进学生的全面发展。

第六节　教育生态学视角下的高职英语课堂教学

教育生态学是当前教育教学开展研究的一个全新视角，应通过运用教育生态学来分析高职英语课堂教学对学生学习发展、教师教学的重要帮助。为此，笔者结合教学经验，站在教育生态学视角下谈谈如何开展高职英语课堂教学，旨在为学生学习构建一个轻松、愉快、和谐高效的课堂，进一步提升课堂教学的有效性，推动高职英语健康发展。

一、教育生态学的基本定义与特征

大多数研究者认为，教育生态学以生态学为基础，用生态思维及理论来研究相关教育教学问题，为教育教学发展指明前进方向，促使学生更好地学习与发展。而教育生态学的特征则主要有整体性、协同变化性及共生性。其一，整体性。教育生态学将课堂教学与学生学习默认为一个整体，首先是教师、学生、课堂、氛围等浑然一体，其次是教学主体与教学环境交互成为一个整体，最后是师生相互影响和谐为一个整体。其二，协同变化性。生态学认为，一个物种的发展变化必定会引起相关物种及生物链的变化，所以各种生物物种之间都是相互作用、相互影响的，而这种相互作用及影响就被称为协同变化性。同理，课堂教学中的各种教学因素也都是相互影响与作用的，如教师教学充满激情，学生学习也会更努力。其三，共生性。生态学认为，一种生物的存在是以另外一种生物的存在为前提，两者之间的关系是共生、共灭的。例如，在课堂教学中，假如课堂中没有学生，教师教学从何谈起？假如课堂上没有教师，学生学习也会无从下手。①

二、教育生态学与高职英语教学的关系

在素质教育理念不断深入人心的今天，构建轻松、愉快、和谐的英语课堂，一直是广大一线高职英语教师教学追求的目标，而教育生态学的出现在某种程度上为高职英语课堂教学提供了一个全新的视角。其教学理念主要以共生、整体、和谐及平衡为主，将这些教学理念合理科学地应用于高职英语课堂，既能为课堂教学带来一丝生机与活力，还能改变传统教学模式，激发学生的学习兴趣，调动学生学习的积极性。所以说，生态学视角下的高职英语课堂已经不再是单纯的教与学的关系，而是在一定程度上包含多个课堂生态因子的动态组合及协同变化。从教育生态学教学目标来说，在生态课堂教学环境背景下，如何使学生通过课堂学习或多因子互动提升自身的学习能力，让学生在今后教学实践中更好地学以致用，既是高职英语课堂教学的最终目的，也是教育生态学理念在开展课堂教学时的要求。

三、教育生态学视角下高职英语课堂教学策略

① 骆莞如．新时代背景下高职英语课堂教学改革实践探索 [J]. 包头职业技术学院学报，2024，25（2）：81-85.

对教育生态学视角下高职英语课堂教学现状来说，当前高职英语课堂教学应顺应素质教育，与时俱进地更新教学理念，善于结合教育生态学创设教学方法，在构建高质量英语课堂的同时提高学生学习质量。

（一）构建以生为本的生态化英语课堂

教育生态学意义上的高职英语教学是一种非弹性行为，重在营造轻松、民主、和谐的课堂教学氛围，让学生主动积极地参与课堂学习活动。为此，在高职英语课堂教学实践中，英语教师应善于创新教学模式，让学生尽其能、尽其言，有效提升课堂教学活动，推动学生更好地学习发展。例如，在日常教学实践中，由于每个学生英语学习基础与水平不同，教师就可以将学生隐性分层，暗中按照学生不同学习能力将全班学生分成高、中、初三个层次，推动学生共同发展进步。

在教学中，教师可借助隐性分层将全班学生分成若干小组，让学生结合课文排练一个小型情景剧，旨在通过情景剧锻炼学生口语，让学生敢说、爱说。因为教育生态学认为，每个生物个体（学生）都有自身的生态位，每个生态位都有自身的优势。作为新时代背景下的高职英语教师，应善于帮助学生发现自身优势，进而引导学生参与团体互动。以 A 小组为例，由于 W 和 L 同学英语基础较弱，教师就将班里英语水平较好的两个学生和他们安排在一起，这样一方面英语水平好的学生可以带动英语水平较弱的，提升学生学习的动力，另一方面英语水平好的学生也加深了对知识的印象，朝着更好的方向发展。如此不仅每个学生都参与了课堂活动，还给予了学生相互交流、沟通的机会，进而实现“关心每一个学生”的教育生态学观念，让每个学生都能够得到进步。

（二）提升英语课堂生态系统承载力

所谓生态承载力，指的是在某种特定情况下，某种个体（学生）存在数量的最高极限。在当今社会环境背景下，任何生态系统都存在一定的承载力问题，其承载力既是客观的又是可以改变的。因此，这就要求高职英语教师站在教育生态学的角度，采用有效的方式提升课堂生态系统承载力，让学生以更好的状态参与英语学习。

在教学内容方面，笔者根据教学大纲设计具有生态性的教学内容，如提出问题展开小组讨论，这样既能增强学生课堂注意力，还能营造良好的教学氛围，进而消除因班级人数较多带给学生心理上的焦虑感，推动学生共同学习进步。同时，为改善高职英语教师与学生严重失衡问题，在日常教学实践中，依据平时成绩和期末考试的占比水平，强调学生在学习小组讨论中的重要性，根据学生在课堂上的讨论过程和最终呈现情况，给予每个学生及时的持续性评价。让高职英语教学成为一个真实性的互动课堂，使全体学生都能参与其中，沉浸其中。

（三）确定可持续发展的生态教学目标

在教育生态化视角下，高职英语课堂除了要教会学生基础知识，更要关注学生全面发展。这就要求高职英语课堂先制定能够促进学生可持续发展的生态教学目标，即以学生生命发展为课堂主旨，引导学生寻求更新、更持久的英语学习动机，激发学生学习兴趣，调动学生课堂参与度，让学生主动积极地投入课堂学习中，促进高职英语课堂可持续发展。

例如，在教学中，笔者引导学生思考英语学习的重要性，帮助他们分析英语在个人教育乃至职业生涯中的深刻影响，关注及培养学生英语实际运用能力。不以学生学习成绩为衡量其学习能力的唯一标准，鼓励他们在课上和课后的点滴进步，慢慢提升学生口语表达能力，为学生成长发展之路夯实基础。这就要求高职英语教师应顺应新课改、新要求更新教学理念，正确、客观地看待考试及学生成绩，并将考试目标与教学目标进行有机结合，实现以考促学，进一步提升学生英语综合能力。由此可知，只有进一步确定可持续发展的生态教学目标，才能更好地开展高职英语教学，有效提升课堂教学效率，促使学生进步。

综上所述，教育生态学视角下的高职英语课堂教学无论是对学生学习还是教师教学都有重要的促进作用。为此，希望通过多元途径帮助高职英语课堂开创更美好的未来——构建高质量课堂，提升学生学习能力。但教育生态学下的高职英语有效课堂构建并非一朝一夕就能完成，这就需要英语教师积极顺应新课改、新要求更新教学观念，创设有利于学生学习发展的教学方法，建立一个动态、平衡、整体、可持续发展的高职英语课堂。

第三章　高职英语任务教学理论

第一节　任务型教学的兴起

一、形成的背景

任务型教学的提出是以交际教学的兴起为前奏的。[①]

（一）交际教学的兴起

20世纪70年代初欧共体成立。随着共同体成员国的增加,共同体内各国之间除了在政治、经济、军事等方面不断加强联系外，在科技、文化、教育等方面也逐步加强了合作。在日益扩大的交往中，成员国深感它们之间交往最大的障碍是语言。而流行于20世纪五六十年代的“听说法”由于忽视语言交际能力的培养，所培养出的学生难以满足交际的需要。如何根据学习者的交际需求，在外语教学中加强交际能力的培养成为突出问题。为此欧共体下属的一个文化委员会提出了一个十分重要的建议,要求在成人的语言教学中采用“单元—学分”（unit-credit）制度，并由英国剑桥大学拟定这一制度的纲要。

所谓单元—学分制度，就是将教学内容分解成单元或小单元，每个单元针对学生的一项需求，单元之间互相联系构成整体。全体学生首先学习共同需要的语言的共核部分，再根据个人需要选学其他单元，不需要的不学。学完一个单元给一个学分，学满了规定数量的学分，就能达到语言的最低水平或预定达到的水平。那么,依据什么对每个单元的教学内容进行筛选呢？英国语言学家威尔金斯（D.A. Wilkins）对语言学习者需要理解和表达的交际意义所做的分析成为交际语言教学大纲的设计基础。

---

① 平悦．基于SPOC的任务型语言教学在高职英语教学中的应用研究[D]．呼和浩特：内蒙古师范大学，2020.

威尔金斯的分析一改通过词汇、语法概念描写语言内核的传统做法，试图呈现隐含在语言交际应用背后的意义系统。他描述了两种类型的意义，即意念和功能。意念指观念、思想，如时间、顺序、量、位置、频率等概念；功能指表达观念、思想的语言，如请求、询问、拒绝、抱怨等。概括起来说，功能—意念大纲的主要特点是根据学生的具体交际需要，以语义概念和语言功能组织大纲的内容。它通常需要分析、意念和功能以及表达它们的语言手段。1976 年，威尔金斯又对前述功能意念进行了修订、扩展，出版了著作《意念大纲》（*Notional Syllabuses*）。该书对交际语言教学的形成产生了重大影响。欧共体文化委员会将《意念大纲》的核心思想融入一系列入门水平交际语言大纲的具体说明。随后，许多依据功能—意念大纲组织设计的语言课程应运而生，依据功能—意念大纲编写的教科书出版发行，交际教学法的产生作为第二语言教学领域的回应就顺理成章了。

（二）理论支持

海姆斯（D.H. Hymes）的“交际能力”理论，卡纳尔（Canale）与斯温（Swain）等语言学家对交际能力概念的进一步扩展，功能主义语言学的上升之势无疑为交际教学法的发展壮大提供了理论上的支持。

20 世纪 50 年代末，乔姆斯基在批判行为主义语言学理论的基础上，提出了“语言能力”的概念。他认为，语言能力是某种远比语言本身抽象的知识状态，是一套原则系统，一种知识体系。因此，语言能力并非一种处事的能力，甚至也不是一种组织句子和理解句子的能力。但是在海姆斯看来，语言能力却是一种处世的能力，即使用语言的能力。语法知识的使用不是关键问题，语法知识只不过是交际能力的一部分。交际能力是指一个人对潜在的语言知识和能力的运用，包括以下几个方面：①合乎语法；②适合性；③得体性；④实际操作性。海姆斯“交际能力”理论拓宽了人们对语言研究的视野，在外语教学界引起了极大的反响。卡纳尔与斯温随后将这一概念进一步发展为：①语法能力，包括乔姆斯基的语言能力和海姆斯的语法性。②社会语言能力，指对产生交际行为的社会环境的理解，包括人物关系、对话的交际目的等。③话语能力，指运用语言来做事的能力。④策略 / 应对能力，指交谈者开始、终止、维持、更改话题等能力。受结构主义语言学影响的各种外语教学法流派，纷纷接受了这一理论并结合功能语言学派理论，逐渐建立起以交际能力为理论基础的交际教学法，其代表人物有威尔金斯等。

在这个理论形成的过程中，韩礼德（Halliday）的功能语言学理论功不可没。从语言学史来看，功能语言学理论对现代意义上的交际教学流派的影响更大、更深刻。韩礼德提出系统语言学可用于分析句子以上的语言单位——语篇。他认为，语言是表达意义的体系，不是产生结构的体系；转换生成语法过于狭隘，不能广泛运用于语言教学实践。他从语言运用的角度提出语言有三大功能，即认知功能、建立和维持人际关系功能以及连贯脉络功能。以往的语言学局限于研究认知功能，忽视了后两种功能的研究，在这种思想指导下的教学法理论只注重语言形式的训练，只求掌握认知功能，结果学生却不会使用语言，掌握不了交际能力。可见交际法理论的实质与传统的教学理论大相径庭，在理论上，它直指行为—结构主义和转换生成语法—认知理论的共同弱点和不足，并努力予以克服。

（三）语言观和语言学习观

交际教学对语言的性质持如下看法：①语言是表达意义的系统。②语言的基本功能是使（人与人之间的）互动和交流成为可能。③语言的结构反映了其功能效用和交际用途。④语言的基本单位不仅是其语法和结构特征，还包括语篇所体现的功能和交际意义类别。

与大量研究语言交际性的文献相比，交际学习理论却少有著述。然而，我们可从交际教学的实践中分辨出所隐含的学习理论，主要包含三项原则：①交际原则，包含真实交际的活动能够促进学习。②任务原则，活动要求用语言去完成 / 执行有意义的任务，这样的活动能促进语言学习。③意义原则，对学习者具有意义的语言能够支持学习过程。因此，学习活动的选择要依据其在多大程度上能使学习者参与到有意义的、真实的语言运用之中（而不是机械的句型操练）。

理查兹（J.C. Richards）和罗杰斯（T.S. Rodgers）对交际教学的原则作了如下概括：①学习者是通过用语言交际学会一门语言的。②真实的和有意义的交际应成为课堂活动的目标。③流畅性是交际的一个重要方面。④交际涉及不同语言技能的协同作用。⑤学习是一种创造性的建构过程，包含对错误的尝试。

英国语言学家布朗（D. Brown）对交际法课堂教学提出了四条标准：①课堂学习的目的，完全集中在交际能力的所有组成部分，而不限于语法或语言能力。②形式并不是安排课文顺序的主要框架，功能才是主要的框架。形式是通过功能来学到的。③准确性在传递信息中的作用是第二位的，流畅性比准确性更重要。

成功的交际法的终极目标是传达与接受所表达的意思。④在采用交际法的课堂上，学生必须在未经预演的语境中创造性地使用所学语言。

从上述标准可以看出，交际法依据功能—意念大纲组织课堂教学，把培养交际能力作为外语教学的终极目标，语言结构的准确程度要求不那么严格，它强调意义，强调语言的社会功能，特别是强调培养学习者语言理解的能力、表达的能力、相互沟通思想的能力、创造性使用语言的能力。交际法注重学习主体，关注学生活动，强调以学习者为中心，教学过程交际化。“交际”不仅指相互间的语言信息的表达，它还包括人与人之间一切思想感情的交流，是一种活生生的交际过程。

至此，我们不难理解为什么交际教学法从开始形成就在语言教学领域引起强烈反响，并迅速得到广泛传播和尝试。首先，结构主义，包括转换生成语法，当时在语言学界日益受到挑战，功能主义则处于上升时期；语言作为人类交际工具的社会功能越来越受到人们的重视。其次，语言教学领域早已对传统的结构教学法（包括语法翻译法、听说法等）失去信心，但又苦于找不到更有效的方法取而代之。交际法的出现令人耳目一新，宛如一股新鲜血液使语言教学重获生机，人们对它寄予厚望。

二、普拉布的班加罗尔实验

（一）强交际观与弱交际观

如前所述，交际教学自 20 世纪 70 年代形成以来备受瞩目，在世界范围蓬勃开展。然而，由于各地生存土壤不同，实施条件各异，在做法上也存在分歧。到了 20 世纪 80 年代，交际法出现许多分支，形成了“交际教学法”（communicative approaches）。总体而言，交际教学法在全球的外语教学实践中演化成为两个版本，即所谓强势和弱势，两者的主要区别在于如何看待交际与教学以及如何对待语言知识的问题上。

强交际观（Strong communicative approach）把二语 / 外语的获得看作是交际活动的结果，坚持要直接通过交际活动习得（acquire）交际能力，完全忽视了对语言结构有意识的学习。李特尔伍德（Littlewood）把这个观点叫作“自然学习模式”（natural learning mode）。持强交际观的人相信，语法知识可以而且必然在交际活动过程中“自然获得”（pickup）。持弱交际观（Weak communicative approach）

的人认为，应该把语言作为交际工具来教，交际活动的目的是掌握目的语，是要学会用英语。因此，交际活动是教学的手段。语言知识是要学的，但应避免单纯的形式训练，应结合针对语言运用的交际活动，体现出意义来。

（二）班加罗尔交际教学实验（The Bangalore Communicational Teaching Project）

强交际观的第二语言的教学实践以普拉布（N.S. Prabhu）指导的班加罗尔实验（the Bangalore Project）最具典型性，它也是任务型教学的最初形态。英籍印度语言学家普拉布是强交际观的支持者，自 1983 年连续五年在印度南部班加罗尔地区的小学主持进行了以英语作为第二语言的交际教学改革实验。普拉布亲自指导并任教。该实验的突出特点是强调“用中学”，采用任务大纲，课堂教学的组织借助活动、活动以“任务”形式呈现。

班加罗尔实验首先要改革“语言结构为本”的传统教学。实验的基本假设是“当学习者的注意力放在意义上时，(语言）形式学得最好”。学习者的语法建构是一个无意识的过程，通过创造一种条件使学习者全神贯注于语义、说或做，能够有效地促进这一过程。

实验者认为，语言学家对语言结构的归纳概括依据“完全形成的”（fully-formed）语言能力，与学习者语法建构过程（中介语语法“interlingual grammar”）的部分归纳概括可能并不一致。任何强加给学习者的归纳概括都可能有害无益。因此，该实验排斥一切明确针对语言形式的教学，拒绝采用任何产品大纲（product syllabus，包括结构大纲、功能—意念大纲），取而代之的大纲由一系列有待学生去完成的问题解决任务（problem-solving tasks）组成，称之为程序大纲（procedural syllabus）或任务大纲（task-based syllabus）。在普拉布看来“似乎唯有纯粹的程序大纲才是符合交际教学并能够支持交际教学的大纲形式。(因为）程序大纲列举了将用于课堂的任务类型，并为同类任务的复杂度顺序提出了建议”。至于依据程序大纲设计的教学材料有何优势，普拉布作了如下解释：①学习者迎接挑战的本能（natural desire），例如，解决一个问题来证明他有能力做。②由这种解决问题带来的全神贯注于意义和思考的活动。③这些活动引起的使用语言的努力。

再来看看课堂教学。课堂教学体现了大纲的要求，通常由三部分组成，即前任务、任务、后任务。下面是印度班加罗尔交际教学实验英语作为第二语言课堂教学过程的具体描述。

上课开始后，教师对全班说："We are going to do a lesson today on timetables. OK?"（我们今天的上课内容是时间表。）接着，教师在黑板上画了一张时间表。在第一栏第一行的空格里写上了9:30—10:25。学生明白老师写的是第一节课的时间。而后，教师指着第二栏第一行的空格问："这里该写什么？"学生齐回答"10:15"。第一行填写完后，教师挨个指着第一行标明的时间让学生大声念。然后，教师让一位学生到黑板前在每行旁边写出一周工作日的名称，从周一到周五，其他学生帮着拼写。学生写完后教师问："星期六呢？我们星期六上课吗？""不上课，（星期六是）休息日。（No. holiday）"学生齐回答。"休息日。对，星期六是休息日（Holiday. Yes, Saturday is holiday）。"

接下来，教师把全班每 5 人一组分成了 8 个小组，按小组发给每人一张写有一周某一工作日时间表的卡片，学生的任务是要通过用英语互相交流卡片上的信息完整填写出一周工作安排。在此过程中，学生们讨论热烈。第一个完成的小组把日程表写在黑板上。在学生们对照修改之后，教师把所有小组的时刻表收上来，检查内容填写是否正确。

下一步仍然是小组任务。学生们要设计一种方法来调查同学们对学校开设的哪些科目感兴趣。每个小组要讨论打算采取的方法，问卷、采访或是其他。调查结束后，各小组要总结并报告结果。首先要决定如何做。于是，学生们忙着讨论如何收集完成任务所需信息以及如何报告他们的调查结果。

本节课具体体现了强交际观，强调自然输入（natural input），把语言学习看作语言交际活动的副产品，即通过交际（在无意识中）学英语。整个教学由三部分组成：①前任务。教师带领学生填写课程表，前任务与随后要学生完成的任务类似，目的在于让学生了解任务，使与完成任务相关的语言调动起来。在此过程中，教师通过对学生回答的重新陈述（Holiday. Yes, Saturday is holiday），以自然的方式为学生提供了正确的语言形式。②任务。学生要完成的是一个信息差任务。为了完整填写表格，学生相互用英语交流信息，在使用中学会理解、锻炼听说。教师收集学生完成的日程表检查内容填写是否正确，说明评价标准是任务的完成，关注意义而非形式。③后任务。教师要求学生设计一种方法来调查同学们感兴趣的科目并向全班汇报。这实际上是任务的扩展，为学习者创造更多真实和有意义的交际机会。值得一提的是，普拉布识别了三种类型的任务并广泛用于其教学实践。

三种类型是信息差任务（information-gap tasks）、观点差任务（opinion-gap tasks）、推理差任务（reasoning-gap tasks）。如本节课的填写工作日程表任务，学习者必须通过相互交流信息，弥补信息空白才能完成任务。后任务中包含了一个观点差任务，因为学生们并不知道他人对科目的看法，要想了解，就必须沟通。所谓推理差任务是指从给定信息推导出新信息，如从提供的地图（给定信息）上找出到某一指定地点的最佳路线（通过推导）。

1982 年，普拉布向英国文化协会提交了一份有关班加罗尔实验情况的报告，引起了许多语言教学研究者的兴趣。当时作为爱丁堡大学应用语言学专业研究生的贝雷塔（Beretta），更是以班加罗尔实验作为自己博士学位论文的研究内容，先后在 ELT Journal，Applied Linguistics，TESOL Quarterly 等第二语言教学的期刊上发表系列文章对其进行评论。学者们对实验的评价褒贬不一，总体而言批评多于赞扬。该实验主要问题集中在：报告提交的程序大纲中列举的任务 / 活动及其实施方式与功能—意念大纲中的功能教学难以区分，某些任务是微语言技能训练，与传统方式并无两样。理查兹和克鲁克斯（Crookes）在谈及班加罗尔实验时都认为报告没有提供充分且有说服力的证据支持实验所倡导的理念。

由于存在种种问题，加之班加罗尔实验是以强交际观的面孔出现的，此后交际教学的发展弱交际观逐渐占据上风，班加罗尔交际教学实验及其体现的学习者第二语言习得过程的认识，以及任务型教学的尝试一度沉寂了。

然而，尽管存在各种各样的问题，但班加罗尔交际教学实验作为对传统产品大纲和以语言结构为中心的教学内容和方法的反动，在特定历史时期无疑具有其进步性。它丰富了交际教学思想和模式。普拉布坚信无意识学习是最有效的语言学习途径，强调“做中学”，也为我们认识语言的教与学提供了一个新视角。信息差、观点差、推理差是班加罗尔实验中采用最多的学习任务。三种类型任务的重要价值在于：借助它们能够创造出课堂上真正有意义的交流互动。因为在真实的交际中，正是由于交谈各方彼此间在信息观点上有空白，从他人处获得信息、填补空白的需要和愿望触发了相互间的交际行为——表达自我，传递信息，倾听理解他人。更值得关注的是，任务为交际活动的开展提供了依托。

综上所述，班加罗尔交际教学实验为二语 / 外语教学的革新提供了许多启示。这在 20 世纪 90 年代以来再度兴起的任务型教学中得到了证实。

为什么任务型教学会再度兴起呢？原因是多方面的，语言学理论、学习理论、教学理论，当然也包括教育思潮的影响和特定的时代背景。然而，作为针对第二语言习得的教学途径，对任务型教学兴起直接产生作用的是第二语言习得研究。理查兹和罗杰斯的陈述很能说明问题。

任务型教学（task–based language teaching）指一种以任务为核心单位计划、组织语言教学的途径。其倡导者认为任务型教学是交际语言教学的逻辑发展，因为它与交际语言教学的若干原则是一致的。例如，①包含真实交际的活动对语言学习是至关重要的。②语言用于完成 / 执行有意义的任务的活动能够对学习起促进作用。③对学习者有意义的语言能支持学习过程。研究者们认为任务是将这些原则付诸实践的有效媒介物。

一些热衷于将第二语言习得理论用于教学实践的第二语言习得研究者进一步肯定了任务的作用。20 世纪 80 年代中期以来，一些研究者利用任务充当第二语言习得的研究工具，任务作为第二语言教学潜在的组织单位引起了他们的兴趣。第二语言习得研究表明有必要重新评价语法教学的作用。没有任何证据说明众多课堂上采用的聚焦语法的教学活动反映了自然语言学习情境中的认知学习过程。让学习者参与任务较之以形式为中心的活动更有利于学习过程的激活，并因此为语言学习的最终发生提供了有利的时机。语言学习不仅有赖于让学习者沉浸于可理解性输入，也取决于将他们置于任务之中。这些任务要求他们进行意义协商，参与自然而有意义的交际。

以上陈述说明了第二语言习得研究者对任务大纲和任务型教学的关注、肯定和支持。

第二节　任务型教学的概念

一、任务的定义

关于“任务”一词有各种各样的定义。首先，“任务”指人们在非教育环境下或在日常生活中从事的各式各样的事情。《现代汉语词典》（第 7 版）中对“任务”一词的解释是，“指定担任的工作，指定担负的责任”。这也是大多数人对“任务”的理解。有外国语言专家指出，“任务”其实是人们在每天的工作和生活中不断重复的各种活动，包括诸如刷墙、填表、给小孩穿衣服、买鞋、订票、借书、考驾照、打印、订房间等。但是在外语教学中，特别是在任务型教学时，“任务”这一概念通常是指以真实世界为参照、以形成语言意义为主旨的活动。由于任务型学习中的“任务”与真实生活中的任务有很多相似之处,努南（Nunan）根据任务相似的程度将其分为“真实世界的任务”或“目标任务”（real-world tasks or target tasks）和“教学任务”（pedagogical tasks），前者指那些在生活中有类比对象或原型，即通过客观考察后，根据实际需要设计的，旨在使学习者有能力完成真实生活中的类似任务；后者包括基于第二语言习得的理论和相关研究，未必直接反映客观实际的任务，只限于在一定的教育环境中运用。

斯凯恩（Skehan）在《语言学习认知法》一书中综述了努南等人的观点，较为客观地提出了“任务”的五个主要特征：①要有意义；②解决某个交际问题；③与真实世界中类似的活动有一定关系；④要完成任务；⑤根据任务的结果评估任务的执行情况。

也就是说，任务关注的是学生如何沟通信息，通过交流互动解决交际问题，而不强调学生使用何种语言形式；任务具有在现实生活中发生的可能性，而不是“假交际”；学生应把学习的重点放在如何完成任务上，对任务进行评估的标准是任务是否成功完成。

关于任务型教学，布朗有如下表述：任务型学习将任务置于教学法的中心，视学习过程为一系列直接与课程目标相联系并服务于课程目标的任务，其目的超越了为语言而练习语言。任务型教学的基本特征是以“任务”为核心单位计划、组织教学。它与交际教学的本质相同点是都把培养学习者用目的语交际的能力放在教学的首位。但交际教学采用功能—意念大纲来确定教学内容和目标。而任务型教学采用任务大纲，以任务为单位组织教学单元，以完成任务为教学目标。通常一个任务组成一个独立的教学单元，全部教学活动围绕任务进行，服务于如何完成任务。完成任务需要听说读写技能的综合参与。由于任务目标明确，学习者专注于“用语言做事”“完成任务”，因而能够视意义的表达为第一性，而不去过多关注语言形式。这种观点认为第二语言习得过程与第一语言习得过程中基本相同的部分比较重要。如同母语习得一样，第二语言学习的实质条件是真实的语言环境、大量的目的语接触（输入）和运用（输出）机会，以及学习者之间的意义协商。在任务型教学看来，用任务组织教学可创造上述条件。选择与生活相关的交际任务能够为学习者创造接近自然的语言学习环境，完成任务过程中学习者之间的互动（interaction）、意义协商（meaning negotiation）能够产生大量的语言输入、输出和验证假设机会，这本身就能够甚至足以推动学习者语言能力的发展。任务中的问题虽不是语言问题，但需要用语言来解决。学习者使用语言并不是为语言本身，而是利用语言的潜势达到独立的交际目的。所以问题（任务）的设计调和了两种教学语言的途径——语言的（注重语言形式）和非语言的（注重意义），使两者的互相依赖成为必要。任务型教学将任务置于教学法焦点的中心，它与 20 世纪 80 年代中期以来交际教学的交际活动任务化倾向是不同的。活动任务化是为了使活动更具目的性，从而保证真实交际的产生，而不会停留于为语言而语言。因而，这里的任务只是着眼于语言教学复杂过程中的一个组成部分。一个教学单元可由若干任务组成。它们实为学习活动，根据教学目标组合在一起。然而，由于都强调活动要有明确的目的性，它们与任务型教学的任务一样，具有三个显著的特点：①侧重语言的内容含义更甚于语言的形式结构，因而课堂中的语言活动更接近于自然的语言习得；②无论任务的执行或者任务的结果都离不开表达技能，也就是说和写的技能；③任务的完成或结果为学习者提供了自我评价的参照尺度，并且带来成就感。

总之，任务型教学或任务型学习中的任务不是一般的、孤立的或者可以任意组合的课内或课外的教学或学习活动，而是整个系统（或课程）的一个有机组成部分。任务的形式为用语言（口头的、书面的或综合的）处理模拟的或真实的生活中的问题；任务各方面的有效综合和相互作用指向课程的总体目标。任务既可以让学生学到语言，又可以发展学生本身，因此任务自身也具有教育价值。

二、任务与活动、练习

那么，任务与交际语言教学中的活动是怎样的关系呢？李特尔伍德曾把交际活动分为两大类：预交际活动和交际活动。预交际活动包括机械性结构活动和半交际活动。前者为语言知识和技能的单独训练，完全关注语言形式；后者试图使学习者在掌握语言形式的同时，能够意识到该语言形式潜在的功能意义，但由于没有真正意义上的交际的发生，评价标准主要是看产出语言的可接受性，而非意义的传递。总体而言，预交际活动属于非交际语言活动，实际上是练习，学生既无交际愿望也没有交际目的，主要通过重复来准确掌握语言的形式，信息流动是单向的，主要是教师发出指令，学生操练。斯凯恩在概括“任务”的五大特征之后提出一部分课堂活动不能视为任务，如完成一项形式转换练习（如主动句改被动句），许多由教师带领的问—答活动（师生双方对于问什么、答什么都很清楚，无信息差），归纳式学习活动（活动采用预选的、利于语言规则生成的材料）。

至于交际活动，按照李特尔伍德的观点又可依据活动侧重交际的功能意义或是交际的得体性分为功能性交际活动和社会交互活动。在这类交际活动中，关注的重点已从形式转向了意义，即交际目的。学习者被置于情境之中，必须利用已有资源通过交际执行任务。评价成功的标准是实际的，即任务完成的有效程度。显然，两类活动都具备任务的基本特征，属于任务的范畴。因此也有人认为，早期任务型学习模式中任务的雏形还只是传统的交际语言交际活动的一部分，只是课堂上的教学活动，而后有人将其赋予生活中众多任务的特征。

综上所述，停留于形式训练，以掌握语言形式为目的的活动是练习；若活动与真实生活无相似之处，或交谈各方没有信息差，无交际目的、明知故问，没有沟通，未产生交互影响，即使针对了交际功能，也只能看作交际功能项目训练，充其量只能称其为“准交际”。活动以任务为依托使活动更具目的性，能够有效避免为形式而形式、为练习语言而练习语言。可以说，任务的提出保证了教学活动的意义性、交际性、过程性、面向真实世界，为语言教学实现真正意义上的语言功能找到了落脚点。

需要说明与澄清的是：任务型教学并不完全排斥语言形式的学习。与传统的语言知识学习的区别在于：其一，选择什么样的语言项目基于完成任务的需要和考虑，而非如同传统教学出自对语言结构系统的分析。这意味着在任务型教学大纲中，任务确定在先，再根据任务选择学哪些语言项目。其二，形式训练的目的是赋予学习者完成目标交际任务的能力。因此，项目练习不会停留于练习阶段，必将过渡到运用这些语言形式去完成任务这一最终目的。

三、任务型教学的本质特征

努南就任务型教学的特征概括如下：①强调通过用目的语互动学会交际。②将真实文本引入学习环境。③为学习者提供不仅关注语言，而且关注学习过程本身的机会。④增强学习者个人经历作为重要的、促进课堂学习的要素的作用。⑤努力使课堂语言学习与课外语言激活联系起来。

若对努南的表述进行分析，可发现其中所体现的任务型教学所遵循的原则，这就是互动性原则、引进真实文本原则、过程性原则、重视学习者个人经历对学习的促进原则、课堂语言学习与课外语言运用的相关性原则。

（一）互动性原则。

为什么要把“互动性”放在第一位？这是因为语言学习本身的最终目的是要学会用语言交际。互动性是交际的核心。对于互动性的重要性，布朗认为，“互动性是交际的全部……在对语言教学进行了几十年的研究之后，我们发现互动途径本身是学会交际的最有效方法。互动性指两人或两人以上相互交流思想、情感或想法的活动，其结果是交流各方从中受益。交际能力理论强调了互动作为人类在不同语境中使用语言‘协商'意义的重要性……”。互动性的重要作用集中体现在能够促进语言自动性的生成，这是第二语言习得研究者从探究儿童语言习得过程中获得的启发。“我们通常把儿童语言学习的成功归功于他们在无意识中习得语言这种有目共睹的倾向，也就是说，不对语言形式本身进行分析，通过对所接触的语言输入进行归纳的过程和有机会尝试语言输出，儿童们学习语言似乎不需经过‘思考'语言形式。”他们能较快地从对一条条语言项目的仔细关注，逐一加工转换为一种快速自动加工方式，对语言形式的关注是随意的、次要的，与之形成对照，成人语言学习者这一转换来得缓慢，他们长期徘徊于分析型、控制型模式，关注琐碎的语言项目。有效的语言学习涉及从对少量语言形式的控制及时地过渡到对相对无限的语言形式的自动加工。而互动被认为是促进这种自动性形成的最有效途径。为达到交际目的，人们把注意力放在意义的表达和信息的理解上，而不再是语法或其他语言形式。学习者因此从语言控制型解脱出来，较容易进入自动加工型。语言的互动过程会为学习者创造大量的信息输入和语言产出机会，理解与表达是相辅相成的，或者说互动性既关注了输入又强调了输出。通过互动，学生可以增加他们的语言储备。在互动中，学生可将其拥有的语言的全部用于（类似）真实生活的交际，无论这些语言是学到的还是偶然习得的。（在这样的交际中）真实意义的表达很重要。因此，学生体验了从听到的内容中创造信息，还体验了创造表达目的意图的话语。即使在初学阶段，学生们以此方式学会利用语言的弹性。

事实上，重视互动作用还隐含了其他有助于语言学习的原则，包括合作学习原则、内在动机原则以及与情感相关的冒险原则等（成功的学习者乐于冒险）。只有参与交际的各方积极合作、善于合作才能顺利达到交际目的，并从对方的语言运用、意义协商、交际策略的使用中领悟其对自我语言使用的反馈，接触新的语言现象和表达法，丰富扩展自己的语言系统。动机原则和冒险原则实际包含一个问题的两个方面。真实的交际总是具有目的性。用目的语交际使学习者感受学习的价值和必要，从而转化为个人需求的内在动机。交际任务的完成表明他有能力"做"，因此获得成就感。冒险原则表明，作为语言学习者，参与交际也意味着可能处于听不懂对方或无法表达自我的尴尬局面。成功的学习者常常不怕丢面子，认为这些冒险是必要的。他们时刻准备着在交际中尝试新近习得的语言，喜欢提问并在交际中发挥作用。研究表明，积极参与交际、乐于冒险、善于合作是成功语言学习者应具备的特征。

（二）引进真实文本原则

语言是文化的载体。从某种意义上说，学习一种语言就是学习另一种文化。正如布朗所指出的，当你讲授一门语言的时候，你就在传递一个复杂的文化习俗、价值观、思维方式、情感、行为系统。这就是为什么今天的外语教学强调培养文化意识的原因。引进真实文本的意义在于，真实文本使学习者直接接触目的语文化，有助于获得对目的语的真实体验，能够促进学习者以接近母语者的方式使用新习得的语言，参与有意义的交际，而不是展示自己的语法或词汇知识。

真实文本的另一个特点就是不脱离特定语境。系统功能语言学创始人韩礼德认为，语义的产生和理解与语境有着十分密切的联系，他及其追随者对语境及语境对语言使用的影响进行了深入的探讨。语境对语义理解和语言使用的影响制约不容忽视。强调引进真实文本并非任务型教学首创，它有利于培养学习者的文化意识、语境意识。针对语境使语言学习生动有趣，学得的语言是动态的、有血有肉的。

（三）过程性原则

"任务型教学"是外语教学界提出的"任务教学大纲"（task–based syllabuses）的产物，提出从"要学生学什么"（What is to be learnt）转为"让学生在实践中感悟什么是怎样学到的"（How is it to be learnt）。让学习者体验学习过程是任务型学习的宗旨之一，在某些情况下学习过程是第一性的，而学习内容是第二性的。以往的语言课堂往往一味地将学习者的注意力引向语言，而忽视学习过程。这样的课堂势必是结果取向，以教材、教师为中心，通常用灌输的方式直接呈现、讲解语言规则系统，只说明“可以这样做”或“应该这样做”，而对“什么可以这样做”和“为什么应该这样做”却很少涉及。广义的知识划分将知识分为陈述性知识和程序性知识。陈述性知识回答“是什么”的问题，程序性知识是关于“怎么办”的问题。语言规则属程序性知识，因为它告知你如何构词造句，如何组织符合语法规范、被公众认可接受的语言，从而最终达到与他人交流沟通的交际目的。倘若只关注语言，就等于把语言规则当作陈述性知识来教，忽视了学用结合。若没有把对规则的认识过程变为学会使用规则、将规则转化为交际能力的过程，开发学习者认知潜能、培养学习能力更无从谈起。

从另一角度来看，交际是一个过程，交际能力的获得也是一个过程，它以具备各个方面的知识技能为前提，但这些知识技能能否相互转化发展为交际能力，相当程度上取决于学习者是否具备过程能力。任务型教学重视将学习者注意力吸引到学习过程上来将有助于过程能力的培养。按照语言学家威多森（Widdowson）的观点，语言学习涉及三个层面上的知识与能力发展。这三个层面包括体系层面、图式层面和过程层面。体系层面涉及语言知识。图式层面是关于世界的知识和语篇模式知识。过程层面则指的是在体系知识与图式知识之间、在不同的体系间进行调整与斡旋的能力。这种能力产生于一系列过程活动之中。威多森所说的过程活动大致有推理、结论、信息转换、澄清意义、解决问题等。因此，要把学习者的注意力吸引到学习过程上来决定了任务型教学要以活动、任务组织教学内容，重视学习者积极的认知参与及其对学习内容的主观感受和情感体验，创造接近真实的语言环境，由学习者在完成任务中探索、归纳，发现规则、运用规则，在用目的语同他人的交流协商，用语言解决问题的过程中，感悟语言、内化语言、学会交际。同时，语言学习的过程也将促进学习者学会认知、学会做事、学会合作。

（四）重视学习者个人经历对学习的促进原则

任务型教学坚信有效的语言学习不是传授性的，而是经历性的。学习活动和语言内容一样重要。该特征体现了对学习者主体地位的确认和关注。学习者个人经历对学习的促进作用表现为对学习活动积极的认知参与，通过亲身感受获得个人体验，建立起对客体的认识和理解。它可以是一种有形或无形的“做中学”，对学习者来说，这种通过参与由亲身经历形成的对客体的认识，较之直接被他人告知而获得的认识更具实际意义。建构主义倡导的情境认知、“抛锚式”教学目的就在于此。

学习者个人经历的另一内涵指其原有的知识结构、经验背景以及对认知客体的兴趣情感。这些经历对学习的促进作用则表现为学习者将新习得的信息纳入原有认知结构，经过同化、顺化导致了原有认知结构的丰富扩展或调整修正。与此同时，由于原有经验的作用，学习者对新信息意义的建构已渗透了学习者个人的认识。重视学习者个人经历的积极作用这一特征表明任务型教学与建构主义的教学理念在一定程度上是一致的。它承认学习者不是空着脑袋走进教室的，他们对知识的学习往往以自己原有的经验信息为背景，在原有经验的基础上，经过新旧经验双向交互作用建构起对知识意义的理解，而不是简单的套用。这就不难解释为什么任务型教学的课堂活动要围绕任务展开，通过特定任务创设的情境，让学习者在用目的语完成任务的过程中加深对目的语系统的体悟理解，而不是采用把语言知识作为确定了的东西一股脑地端给学生，让他们无条件接受，避免教条似的机械模仿和记忆。同时认为学习者所犯语言错误具有积极意义。因为语言学习就是假设和验证假设的过程，母语干扰说明原有知识经验的参与。犯错误能使学习者意识到中介语系统有待修正。因此，对待语言错误应采取先观察，再帮助分析原因，以求修正假设，达到从根本上避免再犯类似错误的目的。

（五）课堂语言学习与课外语言运用的相关性原则

该原则体现了学用结合、学以致用的理念。“任务型教学”注意到了传统语言教学与社会实践脱节的问题，并试图予以克服。它旨在把语言教学真实化和课堂社会化。课堂学习与课外运用紧密联系的重要意义是可以缩小课堂与社会的距离，把学生作为社会的人，通过学习促进学生的社会化。课内学习与课外运用相关性的另一作用在于能够有效激发学习者的内在动机。真实和与生活中的任务相似也是任务型教学中选择“任务”的标准，以保证大多数学生认为有兴趣、有价值和有动力。学习理论研究表明，没有什么比内在动机更能使学习者积极投入学习中。当学习者发现所学内容与现实生活联系紧密，可以马上用于应对生活中的交际问题时，他们的学习积极性将被充分调动起来，竭尽全力去做并从任务的完成中获得自我愉悦感和成功感。

值得一提的是，现代教育的功能应当是培养学习者掌握学习方法，具备工作能力，发展智力潜力。任务型教学体现的沟通合作、真实性、关注过程、重视学生主体参与、学用结合无疑是向实现现代教育的功能迈出了一大步。

综上所述，“任务型教学”反映出外语教学目标与功能的转变，体现了外语教学从关注如何教到关注如何学，从以教师为中心转为以学生为中心，从注重语言本身转到注重语言习得与运用的人的变革趋势。从语言教学的角度看，任务型教学的直接目的是要为学习者提供自然的语言学习环境，培养学生应对真实生活中交际问题的能力。完成任务的过程能产生大量互动机会，且这些机会是活生生的人际交流，教师、学生都是参与者，为完成任务师生互动、生生互动。对于外语学科而言，这种互动性更具特殊意义，因为语言在此既是教学内容又是教学手段，互动的课堂话语大大丰富了学生的语言实践。学生的大量参与能促使他们在交际中学会交际。由于真实的人际交往是多层面、多等级、多向度的，从而为学生灵活运用交际策略和语用知识提供了机会。

“任务型教学”视学生为教学活动的主体，任务的选择、设计和组织力求尊重学生的兴趣和需求，使他们形成学习的内在动机。从发展认知、培养能力的角度看，以任务为本的学习是一种“做中学”，它已不仅仅局限于语言的实践。通过任务学习，而不是靠一套教材和书本练习，可以让学生体验人是如何用语言做事或处理矛盾的。这方面典型的例子有决策任务和问题解决任务。由于不同的人对相同的事物或现象会有不同的理解，持不同的看法，因此得出不同的结论。完成这样的任务要求学习者设法用所学语言去解决问题，克服困难。

这是一个各方通过相互合作、交换看法、意义协商、协调斡旋以达到相互理解，争取最终达成共识的过程。在潜移默化中也培养了学习者解决实际问题的能力。由此可见，“任务型教学”在一定程度上把语言能力目标与生活工作能力目标联系起来，通过完成任务学会交际已超越了语言学习本身。

第三节　任务型教学的理论基础

一、语言学基础：系统功能语言学

系统功能语言学是20世纪最有影响的语言学理论之一。在它之前的结构主义语言学、转换生成语言学以语言结构或语言规则为研究对象，视语言为抽象的符号系统。系统功能语言学改变了这一语言研究传统，把关注目光投向语言的社会功能和动态使用，认为语言是社会符号，试图从社会角度解释语言与意义。其研究领域和关注焦点对20世纪80年代以后语言教学的发展产生了重大影响。其中当然也包括任务型教学。①

系统功能语言学对语言教学产生重大影响的主要思想包括以下几个方面。

（一）语言的性质：一种社会学研究立场

在20世纪六七十年代韩礼德创立系统功能语言学派时，以乔姆斯基为代表的转换生成学派正处于巅峰时期。乔姆斯基等将语言假定为理想的语言使用者所具备的一种知识，即所谓语言能力（linguistic competence），该能力有着不受人脑其他机制影响的自治性(autonomy)。转换生成学派相应地将语言学的研究目标确定为对于该能力的研究，从而找到能够适用于所有人类语言的普遍语法（universal grammar），并以某些逻辑符号记录这一语法（形式主义的研究方法），使得计算机能够解读和生成正确的句子，而语言运用（linguistic performance）则因其错误百出或不精确性被排除在形式主义语言研究的范畴之外。韩礼德认为，转换生成语法学派代表的是“生物体内部”的研究视角，即侧重从语言使用者个体的大脑机制内部探讨语言的工作机制，但这只是众多研究机制中的一种，因为人们同样可以将语言当作艺术（language as art，即文学的视角），或将语言看作某种行为（language as behavior）予以研究，这些研究视角之间应该互相借鉴，互为补充。韩礼德吸收了社会学家伯恩施坦（Basil Berstein）、社会语言学家拉波夫（William Labov）和人类学家马林诺夫斯基（Bronislaw Malinowski）等人的理论或观点，将语言看作一种社会行为，采取他称作生物体之间的研究视角，提出了一系列与转

① 胡亚雪.任务型教学法指导下的高职院校英语语法教学研究[D].北京：华北电力大学(北京)，2016.

换生成理论针锋相对的观点。

韩礼德指出转换生成学派的研究更有助于理解语言系统本身，而系统功能语言学所提倡的生物体间的研究立场更能揭示语言的性质，因为系统功能语言学是工具性的，可以通过语言学研究昭示人们语言系统之外的一些东西，如社会系统、社会的意识形态、社会结构等。

在研究重心方面，韩礼德的观点也有别于转换生成学派。他认为，语言学研究更重要的应该是语言与语言之间的差异，而不是乔姆斯基等所说的普遍语法，这是因为，一方面语言的共性很容易被外语学习者所掌握，另一方面这种共性相当少，亦即为琐碎（trivial）。为了揭示语言间的差异，韩礼德吸收了马林诺夫斯基的人类学研究理论以及沃尔夫（Whorf）的语言相对论思想，强调将语言放置在文化范畴中予以研究，并提出了关于语言和思维之间关系的独到见解。他承认语言结构对人类认识世界的方式有所影响，但同时指出，从社会学层面上看应该是社会关系决定了人类认识世界的方式。

韩礼德反对语言能力和语言运用之间的区分，因为所谓语言能力指的是理想的语言使用者具备的关于其所使用的语言的知识，但实际世界中并不存在这样的语言使用者。韩礼德倾向于使用“潜势”一词（更严格地说应该是意义潜势，meaning potential）来描述语言系统，并将所有的语言使用现象都纳入其研究范畴，因为在他看来，这些被实际使用的语言表达形式都是语言使用者从语言系统的意义潜势中所做出的选择。

在上述讨论的基础上，韩礼德将语言的性质归纳为一个社会意义学（social semiotics）系统。因为他认为语言符号和它所代表的意义是不可分的，意义存在于语言的所有层面。韩礼德对于语言性质的这一看法是其语言哲学思想的基础，他本人的语言学理论以及与之相关的语篇分析理论、批评语言学理论等也都是以语言的社会属性为研究指南的。

（二）研究重点：功能、语义、语境

1. 功能

韩礼德对语言功能的解释是从研究儿童学习语言的过程入手的。他认为，儿童学习语言的过程是一种学习如何通过语言表达各种需要的过程。他发现儿童语言有如下七种功能：①工具功能（instrumental function），运用语言获得某个物品，以满足自己的物质要求。②控制功能（regulatory function），运用语言对他人进行控制。③交流功能（interactional function），运用语言和其他人进行交流。④个人功能（personal function），运用语言表示自己的身份和对事物的看法。⑤启发功能（heuristic function），运用语言去探索周围世界。⑥想象功能（imaginative function），运用语言创造某种环境。⑦告知功能（informative function），运用语言将某件事告知对方。韩礼德将上述七种功能统称为微观功能。

宏观功能（macro function）是儿童放弃原型语言向成人语言过渡时期出现的语言功能。韩礼德认为，宏观功能可分为理性功能（rational function）和实用功能（pragmatic function）两种。理性功能指儿童把语言用作观察事物和学习知识的一种手段、途径。它由早期儿童语言的个人功能、启发功能等微观功能演变而来，到成人阶段又进一步发展为三大纯理功能之一的概念功能。实用功能指的是儿童把语言用作做事的手段。它产生于工具功能、控制功能和交流功能等微观功能，后又演变成人际功能（interpersonal function）这一语言纯理功能。

2. 语义

韩礼德一直强调语言学研究的重心应该是意义，甚至将语言的性质界定为一个社会意义学系统。韩礼德提出意义进化理论（the evolutionary theory of meaning）。他认为，人类经验由两个层面构成：其一是人类为了满足生存需要与大自然接触或抗争的物质层面；其二是人类认识世界的意识层面。在原始时期，物质层面的经验和意识层面的经验是同时发生的，或者说此时的人类意识活动是完全受制于大自然这一直接情境的。这种经验方式显然并非人类所特有，而是许多动物都具备的，所以韩礼德称其为哺乳动物式的经验。韩礼德指出，人类在这种最原始的活动过程中所创造出来的语言也是一种原语言（proto language），与儿童在掌握成年人语言之前所自创的语言相类似，现代语言即起源于此。原语言向现代语言的进化过程极其艰难而缓慢。首先，前面所说的物质层面的经验与意识层面的经验相融合形成“内容层面”和“表达层面”。其次，这两个层面之间的界面在进化过程中逐步解构，在人类集体意识的作用下，词汇语法系统对哺乳动物式的经验所认识到的意义予以“语法化”，并成为介乎“意义层面”与“表达层面”之间的一个弹性的空间层面。这一中介面的重要作用在于终于使得人类语言脱离了直接的情境，并与其他动物的交际形式区别开来。基于上述认识，韩礼德提出，意义既是外在的，同时也是内在的，即人类经验的物质层面与意识层面相结合的结果。

3. 语境

在韩礼德等人看来，语言并非如同转换生成语言学所说是一个独立的符号系统，语义的产生和理解与语境有着十分密切的联系，语言研究离不开意义研究，而意义研究又离不开具体的交际环境。语言学家有必要找出语境因素与语义表达之间的关系。

韩礼德等人接受了前人的语境思想，对语境的含义、分类以及语境对语言使用的影响进行深入的探讨。他们认为，语境可大致分为文化语境和情境语境两种。文化语境主要指人类在特定文化背景中的行为模式，这种模式制约语篇的语类结构（generic structure）等带有宏观意义的语义结构。情境语境指的是与语言交际行为直接相关的话语范围（field of discourse）、话语基调（tenor of discourse）和话语方式（mode of discourse）三种因素。其中话语范围指话题以及与话题有关的活动；话语基调指讲话者与受话者之间的社会关系以及讲话者的交际目的；话语方式指话语活动所选择的交流渠道。这三种因素分别影响语言的概念功能、语篇功能和人际功能。尽管系统功能语言学家在语境因素如何影响语义表达这个问题上持有不同见解，但在语境因素对语义表达有制约作用这一点上却是完全一致的。

二、学习论基础

任务型教学强调学习任务的意义性、真实性、强调交际任务的设计、选择要与学生的实际生活相关，以此来激发他们的学习兴趣和动机，促进积极的认知参与和自主学习，借助任务为学习者提供与教师、与同伴、与学习客体（语言）交流互动、意义协商的机会和条件，在完成任务的过程中建构起对于学习客体（语言结构、词汇、表达方式等）的认识，并在运用中学会使用语言。“任务”成为主体（教师、学生）与客体（语言）相互作用的中介。任务型教学的特征蕴含了皮亚杰（J. Piaget）认知发展论、布鲁纳（J.S. Bruner）的发现学习论等。

（一）皮亚杰的认知发展论：语言学习是学习者的积极建构

瑞士心理学家皮亚杰的学习理论是建立在对儿童认知发展研究的基础上的。他的兴趣在于了解人们从婴儿到成人是如何学会认识事物的。他认为人的认知的发展有四个阶段：一是感知运动阶段（0 ~ 2 岁），主要靠感觉和运动来认识世界，在活动中形成一些初级的行为图式，以此来适应外部环境和进一步探索外界环境。其中手的抓握和嘴的吸吮是他们探索周围世界的主要手段。二是前运算阶段（2 ~ 7 岁），在感知运动阶段获得的感觉运动行为模式已经内化为表象或形象模式，具有了符号功能，儿童虽不能很好地掌握概念的概括性和一般性，但开始能用语言或较为抽象的符号来代表他们经历过的事物。三是具体运算阶段（7 ~ 12 岁），认知结构发生重组和改善，思维已具有可逆性，能凭借具体事物或从其中获得的是非曲直的表象进行逻辑思维，但思维过程仍需具体事物的支持。四是形式运算阶段（12 岁左右），开始不再依靠具体事物进行思维，能进行准确的归纳演绎，能作出一定的概括，能对抽象的和表征性材料进行逻辑思维，思维已接近成人水平。

皮亚杰学说影响最深远的一面是它强调了学习过程的建构性。他坚持用主体和客体相互作用的观点来研究儿童的认知发展。在皮亚杰看来，儿童是在与周围环境相互作用的过程中，逐步建构起关于外部世界的知识，从而使自身认知结构得到发展。儿童认知发展是受三个基本过程影响的，即同化、顺化和平衡。所谓“同化”，是指个体运用已有认知结构（图式）处理所面对的问题，即个体把外部环境中的新信息吸收进来并结合到原有的认知结构中。如果吸收的结果，儿童发现原有图式仍然适合，新信息即被整合到自己原有认知结构内，成为其认知结构的一部分。所谓“顺化”，是指个体调节自己内部结构以适应特定刺激情境的过程。当外部环境发生变化，而原认知结构无法同化新环境提供的信息时，个体为了符合环境的要求而主动修改、重组原有认知结构。顺化与同化是相伴而行的。就本质而言，同化主要指个体对环境的作用；顺化主要指环境对个体的作用。认知个体（儿童）就是通过“同化”和“顺化”这两种形式来达到与周围环境的平衡：当儿童能用现有图式去同化新信息时，他是处于一种平衡状态；当现有图式不能同化新信息时，平衡即被打破；而要寻找新的平衡就必须对原有图式进行修改或创造新图式，即通过“顺化”过程达到新的平衡。平衡状态不是静止的。新的认知结构既以原有认知结构为基础，又有别于原认知结构，这种区别既可以是质的，也可以是量的。儿童的认知结构就是在与周围环境的交互作用中通过“同化”与“顺化”逐步建构起来，并在“平衡—不平衡—新的平衡”的循环中得到不断的丰富、提高和发展的。

从以上讨论不难看出，皮亚杰的认知发展论关于学习的一个基本思想是：儿童认知发展有阶段性，教学要考虑学习者的认知发展水平。学习的结果，不只是知道对某种特定刺激做出某种特定反应，而是头脑中认知图式的重建。学习并非个体获得越来越多外部信息的过程，而是学到越来越多认识事物、解决问题的程序的过程，即形成了新的认知图式。同化和顺化的核心是相互作用观。学习是一个能动的过程，它需要认知主体的积极参与，学习的发生取决于个体与环境的交互作用。企图从外部注入知识是难以奏效的；真正有效的学习建立在学生主动理解的基础上。

在皮亚杰看来，通过练习或许可以教给儿童某种知识，但这样获得的知识很容易被遗忘，除非儿童能够理解它。也就是说，除非儿童能够把它同化到他已有的认知结构中去。而这种同化只有在儿童积极参与建构时才有可能发生。教育则应该为学生提供富有个人意义的学习经验，由学生自己从中建构知识。由此引出的另一值得思考的问题是，既然学习是一个主动的建构过程，出现错误就在所难免。错误对于学习者具有积极意义，对错误的清醒意识可以帮助他们开展自我调节，修订、改造认知结构，从而达到新的、更高阶段的认知平衡。

皮亚杰学习理论丰富了我们对语言教与学的认识：第一，语言学习应该成为学习者积极建构语言输入和任务的个人意义的过程。作为学习者，应以积极的态度应对语言输入，并使其潜在意义在其原有认知结构中找到合适的同化点。而对于教师来说，创造条件、帮助和促进这一建构过程是其基本任务，即教师要成为学习过程的促进者。第二，思维发展与语言和经验关系密切，主要依赖记忆的语言学习不可能产生深刻的思维。第三，学习任务的选择设计要切合学习者的认知水平。第四，对于学习者所犯的语言错误，教师应该多观察，帮助其分析造成错误的原因，而并非如行为主义所言要见错就纠。这样才能促进学习者在已有的语言图式中修改重组，达到新的平衡。

皮亚杰的学习理论在任务型教学中得到了体现。任务型教学认为，第二语言的学习过程就是学习者建构起对目的语系统的假设，并在不断的接触和运用中验证假设、修正假设，使自身关于目的语系统的认识不断完善的过程。任务型教学的设计以促进学习者积极地认知参与为前提。以任务为核心单位计划、组织语言教学的目的就在于为学习者提供认识、体验、实践目的语的机会、环境和条件。学习者为了完成任务积极思考，在用目的语交流互动、意义协商中，感受目的语的使用，领悟语言的规则，建构并不断完善关于目的语系统的认识。所谓验证假设、修正假设实质上也就是同化、顺化、打破平衡、达到新的平衡的过程，进而使有关目的语系统的图式更加系统化、复杂化，语言学习也因此向更高水平发展。

（二）布鲁纳的发现学习论：让学习者在语言运用的过程中发现规则

布鲁纳是皮亚杰思想的重要推行者，不同的是他力图将认知发展的理论与课堂教学联系起来。他扩展了皮亚杰的认知发展理论，提出了儿童的三种不同思维形式，即行动的、图形的和符号的。它们代表了儿童理解和表达经验的基本方式。这三种思维表征是依次发展的，但逐渐变得交叉并存而不是相互取代。事实上，我们每个人一直都在连续不断地使用这三种表征系统。也就是说，我们至少有三种显然不同的方式来表征我们的学习经验和思维。如果我们以此来设计教学，就能达到促进学生智慧或认知生长的目的。布鲁纳认为教育的目的在于发展学生的理解力和认知的技能与策略，而不是获得关于事实的现成信息，强调教学的最重要任务是配合学生身心发展，教学生如何思维，如何学会学习，如何从求知活动中发现规则，从而整理统合，组织成属于自己的知识经验。他所倡导的"发现法"，并不限于发现人类尚未知晓的事物的行动，而是包括用自己的头脑亲自获得知识的一切形式。因此，从本质上说，"发现法"强调的是认知主体的积极参与。其特征可概括如下。

1. 强调学习过程

布鲁纳认为，在教学过程中，学生是一个积极的探究者。教师的作用是要形成一种学生能够独立探究的情境，而不是提供现成的知识。教师教一门学科，不是要把学生变为一个活动着的小型藏书室，而是要让学生自己去思考，参与知识获得的过程。认识是一个过程，而不是一种产品。在布鲁纳看来，学习的主要目的不是要记住教师和教科书上所讲的内容，而是要参与建立该学科的知识体系的过程。所以他强调，学生不是被动的、消极的知识的接受者，而是主动的、积极的知识的探究者。

2. 强调直觉思维

布鲁纳认为，直觉思维与分析思维不同，它不是根据仔细规定好了的步骤，而是采取跃进、越级和走捷径的方式来进行的。直觉思维对科学发现活动极为重要。直觉思维的本质是影像或图像性的。因此，教师在学生的探究活动中要帮助他们形成丰富的想象。

3. 强调内在动机

在布鲁纳看来，一般教学条件下学生的学习动机往往来自外部，诸如为了取得好成绩，与同学竞争，为获得奖励或避免惩罚等。布鲁纳认为，形成学生的内部动机，较之把外部动机转化为内部动机更重要。与其让学生把同学之间的竞争作为主要动机，还不如让学生向自己的能力提出挑战。所以，他提出要形成学生的能力动机，就是使学生有一种求得才能的驱动力。

4. 强调信息的提取

布鲁纳认为，人类记忆的首要问题不是储存，而是提取。信息能否提取的关键在于信息是如何组织的。语言学习通常涉及大量记忆，布鲁纳借助一项单词学习实验对此进行了说明。

学习任务是30对单词。他把学生分成两组，其中一组被告知要记住单词，以后是要复述的，而对另一组的要求是把每对单词造句。结果发现，后者能复述其中的95%，而第一组学生的单词提取量不到50%。显然，借助造句记忆的单词，涉及了单词的使用，已不是单纯的机械记忆，而是包含了认知主体的积极参与，即经过一定程度的精加工，与原有语言系统的认知结构（句法、词法、语义等图式）建立起了联系，因此便于提取。所以，如何组织信息，对提取信息有很大影响。只有学生亲自参与发现事物的活动，才会用某种方式对它们加以组织，从而对记忆产生良好的效果。

布鲁纳就发现学习法的优点表达了以下看法：①学生自行发现与自行组织的知识，有助于学后长期记忆。②学生主动思维式的学习活动，有助于智力的发展与提升。③学生从主动发现过程中获得成就感的满足，不需要外在赏罚去维持其动机兴趣。④学生养成自动自发的学习习惯后，有助于以后的独立求知与研究。

若加以比较就会发现，任务型教学在相当程度上体现了发现学习的特征。首先，任务型教学强调语言学习过程，坚信有效的语言学习不是传授性的，而是经历性的。学习活动和语言内容一样重要。在某些情况下学习过程是第一性的，而学习内容是第二性的。任务型学习就是要让学习者体验学习的过程。其次，任务型教学不主张直接呈现或讲解语言形式、语法规则，而是提供任务，任务中包含的问题需要借助语言来解决。完成任务的过程就是学习者积极地认知参与、在语言使用中感悟其规则系统，发现、归纳、掌握、内化规则的过程。因此，任务中相当一部分语言知识的加工是隐性的。再次，挑战性是任务设计的基本要求之一，以此来吸引学习者的兴趣和注意力。通过完成任务（尤其是较大任务，例如主任务、扩展性任务和课题任务等）体现能力、感受成功有利于形成内在动机。最后，就语言学习而言，信息的提取主要表现为语言的运用。任务型教学的主要目的就是要借助任务，创造运用语言的机会和环境，让学习者在交际中学会活生生的语言，从根本上避免机械学习，死记硬背。

第四章　高职英语课堂教学的方法应用

第一节　定制化教学在高职英语课堂中的应用

定制化教学以学生为主体，教师可从教学目标、教学手段、互动模式和评价方式等方面入手，根据实际情况设计出符合各群体学生特点的教学方式，从而提高高职院校英语课堂教学效率。

随着社会的发展，当今时代的人们越来越注重个性，“可定制”一词随处可见。高职院校的学生也是一群追求个性和独特的群体。因此在英语教学中，如果再沿用过去的标准化模式，既不能顺应现代社会的潮流，也违背了“以生为本”的教育理念，我们需要进行一定的教学改革。①

所谓定制化教学，是指以学习者的个性差异为基础，以学习者的个性发展为目标，通过教师定制化的教来满足学生个性化的学，最终达到学生的个性化发展与综合素质共同提高的目标。作为一门公共必修课，高职院校英语课程受众面很广。而不同专业的学生对英语的职业需求是不同的。即使是同一个专业同一个班级，学生的英语水平也是高低不均的。如果继续沿用过去全班一个标准、各专业一个模式来进行教学，势必会影响学生的学习兴趣和教学效果。那么，尊重学习者个性差异的定制化教学改革在高职院校的英语课堂内可以一试。

一、定制化的教学目标

高职院校注重与企业订单式合作。笔者认为，此类订单班在实施过程中，不仅应重视专业课程的设置要符合企业需求，还应把英语与企业的需要对应起来，设置定制化的大学英语教学目标。今后学生在工作中会遇到什么场景、展开什么交流、需要什么英语技能，将这些思路梳理清楚后，制定符合本专业的教学目标。

---

① 吴明玉．定制化教学在高职大学英语课堂中的应用 [J]. 佳木斯职业学院学报，2018（8）：433.

这样在教学中将统一标准与定制化目标相结合，势必会收到较好的效果。例如酒店管理专业，特色鲜明，该专业学生毕业后使用到英语，尤其是口语的使用概率非常大。因而在教学目标的设计上，就应特别强调学生的情境操练：如何接待顾客、怎样与他人交流等。而学习汽车检测与维修专业的同学，口语方面则可做略低要求，而应在教学目标中强调学生对汽车或设备零件的英文书写的熟悉程度。这种定制化的教学目标明确、可执行，并且尊重了各专业学生之间的差异。

二、定制化的教学手段

课堂教学的主体是学生，但所谓千人千面，学生们在英语教学中的表现也是各有差异。如果不尊重这种差异，而用刻板统一的手段进行教学，势必会出现优生吃不饱、“后进生”吃不消的局面。所以针对特别群体的学生，由教师定制的教学手段就显得尤为必要了。现在的教学鼓励教师建设和使用微课、慕课，利用网上优质教育资源改造和拓展教学内容，实施基于课堂和在线课程的翻转课堂等混合式教学模式，使学生朝着主动学习、自主学习和个性化学习方向发展，所以针对云计算技术与运用、计算机网络技术等专业的同学，我们不妨呼应现今“互联网 +”时代的主题，在高职英语教学中引入慕课、微课等模式，能让学生产生共鸣且提高学习兴趣。

三、定制化的互动模式

大学英语课堂上可用的互动模式很多。以往的教学中，许多教师基本在每个班级都推进同样的互动模式。但这样做忽略了学生的特性和个性，针对不同的授课班级和对象应有不同的互动模式。例如，会计专业的同学普遍英语基础较好，那么在教学中可大胆采用由学生来讲课的互动模式。授课成员内部在准备过程中可形成一个学习共同体，在讲课过程中，听课学生通过用心去听，提出意见挑战权威，又形成一个学习共同体，不同的共同体在这个过程中相互碰撞，擦出火花，有了思辨的过程，学生的学习效果也会比较理想。而对于其他英语基础较弱的专业，这样的互动模式就不太适合，可能会造成课堂混乱，学习效果大打折扣。

四、定制化的评价方式

评价是教学中非常重要的环节。现如今的高职院校英语教学评价方式已经有了很大的进步，评价方式越来越多样。但在实际操作过程中笔者发现，对同一个教学内容而言，教学评价标准通常是唯一的。例如，在某评分标准中规定:“优秀：能流利阅读关于订餐的对话并就订餐时间、地点、人数、联系电话进行改编。”这个标准对于英语基础好的同学来说，达到优秀并不算难。但对于那些英语基础较差的学生来说，可能就太难了。在制定评价标准时，是否可以为这类学生定制一套简单一点的方案，给他们学习的信心？这是教师需要思考的问题。

定制化教学尊重学生的主体性，让学生的思维、能动性、情感等得到立体的发展。教师应作为知识分享者、技能传授者、个性塑造者参与其中。从教学目标、教学手段、互动模式和评价方式等方面为不同的学生量体裁衣，帮助他们提高学习效率，为高职院校英语教学改革增添动力。

第二节　多媒体教学在高职英语课堂中的应用

随着计算机技术的迅速发展壮大，教育理念的持续深化，多媒体辅助英语教学成为当前最重要的第二语言教学模式。本节分析了多媒体辅助英语教学中存在的问题，并针对这些问题提出了建议和解决对策。

多媒体既是信息化时代的产物，又是科技综合发展的趋势。利用多媒体技术服务新形势下的课堂教学，能够有效丰富课堂教学内容，引起学生注意，优化教学过程，提升教学效果，进而激发学生的创新意识，培养学生的分析问题、解决问题的实践能力。

随着高职院校对多媒体教学的重视，我国高职院校基本实现了多媒体教学网格式覆盖。对于多媒体教学理论的发展、探索与研究，国内外教育领域内的前沿学者、专家、一线工作者直到今天，一直没有间断实践探索与理论研究。①

从世界教育领域来看，各个积极推动本国教育发展的国家，都在努力探索多媒体教学创新点，挖掘并开拓教育信息化的教学媒体潜能，都在紧锣密鼓地跟随当今技术与理论更新的时代发展，力求多媒体教学应用产生最大化教学效果。

一、多媒体教学介绍

我国的多媒体教学发展史起步于 20 世纪 60 年代初，大众对多媒体教学的认

① 马玉东．多媒体技术在高职英语教学中的应用研究 [J]. 中国报业，2022（2）：88-89.

知还处在初步认知与了解阶段，这一时期的多媒体教学研究在我国教育界可谓凤毛麟角，仅有一些主题是介绍多媒体相关技术的研究。进入 20 世纪 80 年代改革开放的起步阶段，多媒体教学发展迎来了第二阶段，以幻灯、投影、录音、录像等形式呈现教学内容，综合运用于课堂教学的这种教学技术在当时被称为“多媒体组合教学”或“电化教学”。进入 20 世纪 90 年代，即多媒体教学发展的第三阶段，多媒体计算机进入了我国教育领域，逐步取代了多种教学媒体的综合应用地位，加上各项信息化基础设施都在有条不紊地建设，使得多媒体教学研究也比上一阶段的研究更为深入，并且实现了多媒体教学与学科教学的顺利接轨。同时，出现了相关多媒体教学在高校具体学科中如何运用的研究以及进一步地分析多媒体教学如何在教学实践中运用的研究。进入 21 世纪，随着以计算机为核心的多媒体技术的快速发展，多媒体教学研究进入了迅速发展期，多媒体教学手段在高校课堂教学中的应用也越来越广泛，因而该阶段的多媒体教学实际上也称为计算机辅助教学（Computer Assisted Instruction，CAI）。

二、多媒体教学在高职英语课堂中的应用

高职院校的多媒体教室分为三种类型：演示型多媒体教室、网络型多媒体教室和远程教育型多媒体教室。进入 21 世纪，随着学校规模的扩大和现代化教育教学的要求，各个高校的多媒体教室越来越多，目前，由多媒体计算机、投影仪、幕布等教学设备构成，用以呈现以数字教育资源为主的演示型多媒体教室几乎覆盖了整个高校。

由于多媒体教学拥有得天独厚的优势，其在课堂上使得信息大容量呈现表达形象直观、交互性强、超越时空、共享性好等优点，使得多媒体教学在中小学、初高中和高校深受欢迎，多媒体教学改变了教师日常的教学方式。

在高职英语教学中，有些教师除了可以使用 PowerPoint 制作课件，还能利用更高级别的计算机软件，如 PhotoShop 等功能更加强大的软件。充分使用这些软件使多媒体课件更加生动，也为高职英语教师的教学活动增加了色彩感和灵动感，提高了学生对英语学习的兴趣，从而达到教学目的。

随着信息技术和多媒体辅助教学在高职英语教学中逐渐普及，高职英语教师对多媒体辅助教学的应用也日益普遍。然而，调查也发现，多媒体技术辅助高职英语教学中存在如下问题：①学生学习主动性差，信息技术利用率偏低；②教师

信息技术理论知识欠缺且计算机应用技术水平不稳定；③教师课堂教学技巧和教学模式与时代要求不相符；④院校领导认识度不够，学校教学资源匮乏。

针对这些问题，笔者对改善多媒体技术辅助高职英语教学有以下建议：①强化学生学习主动性，提高学生信息技术利用率；②提升英语教师多媒体技术技能；③改变高职英语教学手段；④改善软件与硬件条件，营造适宜的英语教学氛围；⑤转变学校领导对多媒体技术辅助英语教学的观念等。

高职英语教学作为高职院校基础课程中非常重要的组成部分，应该积极响应国家教育改革号召，紧跟步伐，积极推动，使得英语教学中计算机多媒体技术的应用能顺应教育改革发展的需求。作为高职英语教师，在教学一线中，我们要及时学习接受新理念，不断强化自身理论素质，不断探索研究新的教学模式方法，充分发挥计算机多媒体技术在英语教学中的巨大优势。

第三节　师生互动模式在高职英语课堂中的应用

在我国经济的迅速发展下，我国市场与国际市场实现了全面接轨，各个行业对于从业者的英语能力要求也越来越高，学好英语对学生的就业、发展均有重要意义。在高职英语课堂教学中，促进师生之间的有效互动，符合教学改革的要求，也能够显著锻炼学生的综合能力。

一、高职英语教学面临的现实问题

高职院校的生源复杂，英语基础能力也参差不齐，有的来自职高、中专、技校，有的来自普通高中。有的学生认为，以后从事的工作更加注重操作性和应用性，因此对英语学习的重视度也不高。在教学方式上，部分学校学生之间的互动不足，在大班制的教学模式下，难以兼顾各个层次学生的学习需求，这就导致水平高的学生吃不饱，水平较弱的学生跟不上学习节奏的问题。

二、高职英语课堂教学中师生互动模式的应用

（一）互动的必要性

互动教学是基于建构主义理论诞生的，由著名的心理学家皮亚杰提出。该种

理论认为，在学习活动中，学生既属于认知主体，也是知识的主动构建者。在学习活动中，学生不能被动地简单接收信息，而是要主动来完成知识的建构，在建构过程中，要将学习内容和自己已有的知识相结合，并通过主动思考来产生新知。而作为教师，在这一环节中，是学生的合作者或者伙伴。教学活动不能忽视学生已有的经验，也不能强行灌输，而是要引导学生在自身原有的知识经验中学习新知，为了达到这一目的，需要将互动贯穿在整个学习活动中，通过师生和生生之间的互动，做到“以学生为中心”，通过会话、情境模拟等方式发挥出学生在英语学习活动中的主观能动性。实践证明，利用互动教学，能够让学生对语言材料的内涵有深入理解，在与同伴的讨论和对话中更好地实现输入和输出。①

（二）互动模式的应用

1. 提问

根据建构主义理论的要求，教师应该是学生学习活动的促进者和帮助者。在互动中，教师发挥着重要的主导作用，在新知识的教学上，可以根据教学内容来设置问题，通过疑问来激活课堂，在学生的知识能力得到提升之后，再逐步增加提问的难度，设置一系列的开放性问题，引导学生主动表达。提问是一种显著的互动方式，通过提问，让课堂氛围活跃起来，提高学生的参与积极性，为后续教学环节的顺利开展奠定基础。与其他课程相比，英语是一门典型的语言类课程，对互动的需求也更加迫切，语言交际能力的锻炼和培养，只有在真实的互动环境中才能实现，课堂提问为学生创设出了良好的语言交际环境，通过这种互动方式，可以大大强化学生的语言交际能力和表达能力。

2. 合作探究

如果说课堂提问是为师生之间创设互动机会，那么合作探究就是为学生的互动提供机会。在英语课堂上，根据学生的兴趣、爱好、组间差异来划分小组，以小组作为学习单位，来共同完成交流活动和学习任务，这就是英语教学中常用的合作教学模式，也是建构主义理论下常见的教学方法。小组活动的形式是多种多样的，可以要求学生来完成角色扮演、讨论某个难点问题、操练语言、举办辩论赛等，只要能够引起成员共鸣的内容，都可以作为合作教学的任务。合作任务的答

① 林楚贝，黄泽栋．高职英语线上线下互动课堂探析 [J]. 广东职业技术教育与研究，2023（8）：44–48.

案往往是开放性的，没有统一的答案，只要小组成员言之有理，都值得鼓励。在小组成员互动的过程中教师要进行全程把控，避免出现讨论流于形式的问题，引导每个小组成员来分配角色，沟通信息与思想，在他人表达时能够积极倾听。学生会对这种丰富趣味的互动形式非常感兴趣，由小组成员选择不同的角色在课前排练，在课堂上进行统一会演，这可以有效锻炼学生的思维能力，也能够在班级中营造出竞争、团结、合作的氛围。在小组合作的过程中，学生之间是合作关系，大家相互帮助，提高信心，增长才干。

3. 线下互动

在高职教学中，英语课堂教学时间并不多。基于此，有必要将互动模式从课堂上延伸至线下，如今，互联网技术发展迅速，各种社交平台已经普及，英语教学与现代信息技术也实现了深度融合，为学生线下互动提供了很好的环境。例如，可以借助大学生英语学习平台，在平台中交流学习资源，学生可以很便利地搜索信息、提交作业、发送邮件、下载微课视频等，教师则起到为他们提供答疑指导和监督的作用。此外，师生之间还可以借助微信、QQ、微博、电子工号牌等方式来开展互动，对于学生自己难以解决的问题，由教师为他们提供辅助。

在英语教学活动中，重视互动环节是以学生为中心的重要体现，也是高职英语教学活动中需要关注的一个主流教学模式。除传统的互动模式外，教师还应倡导线下互动的形式，为学生提供多元化的指导，改善他们的英语学习环境，提高学生参与英语学习的积极性和主动性，为学生创设良好的自学空间，培育企业所需的综合型人才。

第四节　原声电影教学在高职英语课堂中的应用

以克拉申第二语言习得理论为指导，充分利用多媒体、原声电影、网络资源，将语言教学的重点放在语言学习与语言应用的结合上，在实践教学中采用“原声电影＋多媒体教学＋课内外实践”的模式，探索高职院校英语新的教学方法，探索新时代新课程设置下的语言习得和文化习得的策略，从而提高课堂教学质量和课后学习效率。

近年来，随着英语教育的飞速发展，我国的高校英语教育已经改变了旧有的格局，很多教育工作者在积极、努力地探索应用型、复合型人才培养的教学方法。如简华灵对原声电影在英语听说教学中的辅助作用及方法探索进行了探讨；左俊媛受克拉申语言输入假说的启发，将英语原声电影教学法引入大学英语多媒体教学的课堂，发现此举能激发学生的学习兴趣，可以取得不错的效果。

一、理论依据和现实依据

克拉申提出的第二语言习得理论主要由习得—学习假设、监察假设、自然顺序假设、输入假设和情感过滤假设五部分组成，其中“习得—学习假设”和输入假设这两个核心理论与情感过滤假设明确指出，在英语听说教学过程中，必须通过足量的可理解语料的输入，让学生形成一种语言思维，促进语言的习得，且在这个过程中要注意对学生学习积极性的培养，用积极的态度来减少情感过滤对语言习得造成的消极影响。在这个过程中还要注意，语言输入不等于语言吸收，只有当学生真正把可理解性语言的输入消化吸收之后，通过语言输出才能达到教学目标，也就是语言能力的提高。而原声电影展现真实的英语交际场景，给学生提供了丰富的交际语言输入，因此笔者认为，在高职院校英语课堂中可以利用原声电影资源，通过合理选取教学内容，实施原声电影教学，以寓教于乐的形式进行英语视、听、说训练，从而激发学生的学习兴趣和积极性，使他们在轻松自然的状态中耳濡目染交际英语，达到外语习得的目的。①

二、英文原声电影在高职英语教学中的作用

第一，激发学生的学习欲望和学习兴趣。兴趣是最好的老师，学习任何课程都必须以兴趣为前提。英文原声电影给学生提供了极具视觉冲击力的影像。其声情并茂，将语言信息和具体的特定场景相结合，使学生在课堂上面对的不再是枯燥的英语单词和语法结构，而是生动形象的画面，从而大大激发学生上课的热情和学习英语的兴趣，使语言学习成为一种精神享受，使学生学习充满主动性和积极性。

第二，提升学生的听说能力。英文原声电影为学生创设了真实、轻松的语言环境，使他们身临其境地体会不同的交际场景，感受原汁原味的英语并全面提高听说能力，因为英文原声电影集声音与图像于一体，其作用远比单纯的语音听力

① 肖霄．电影教学运用于高职英语专业听说课程的探索 [J]. 英语广场，2021（21）：104-106.

材料大得多。电影中的对白简洁、地道、生动、形象，学生能够学习到大量口语化的词汇、语句等，真正掌握现实交际中英语的表达形式，提高自身的英语水平。在图像、情节等电影元素的烘托下，学生更能感受到语言对白的魅力。学生在观看电影的同时，能学会一些常用的生活用语及一些词汇的用法及搭配，还能在潜移默化中感受到正常交往中的语境及语速，从而大大提高自身的听力水平和口语表达能力。

第三，提高学生的文化素养和交际质量。声情并茂的英文电影是一个国家或地区的文化背景、风土人情等方面最直观、最生动的反映。将英文电影引入英语学习的课堂，可以让学生在欣赏电影的同时，置身于真实的英语环境中，受到英语文化的熏陶，从而提高其文化素养和交际质量。通过原声影片，学生可以更生动、更全面地了解与课文所学相关的英语国家的人文历史、生活方式、风俗习惯、语言风格、道德观念、文化教育等，克服、避免学习中的认识偏差，从而进一步加深他们对英语语言的整体理解。

三、原声电影教学的择片原则

电影语言包罗万象，反映的文化十分丰富，教师要不断补充新知识才能为电影语言的精讲注入活力。因此，教师一定要注意挑选内容健康、语言含量适当、发音清晰、语速适中以及内容贴近学生生活的影片。

（一）适合原则

并非所有的英语电影都适合学生观看并有助于英语水平的提高。教师在选择用于教学的英语影片时，需针对学生的英语水平，选择难易程度适中的影片。要注意以下几点：其一，影片内容健康，具有一定的教育意义，宣扬暴力、色情或恐怖的影片应当剔除。其二，影片的发音须纯正清晰。其三，影片的难易程度应大体与学生的英语听说水平相一致，因为根据 Krashen 的观点，外语习得是通过吸收大量的可理解输入而获得的。可理解输入是指语言输入需要略高出学习者现有的语言能力，学习者通过一定的语境能够理解语言材料。因此，输入的语言材料不宜过难或过易，以确保学生的英语应用水平循序渐进地得到提高。

（二）主题相近原则

主题相近原则是指电影的主题应当与大学英语精读课本中某个单元的主题相

近，这样不仅能深化学生对课本主题的理解，而且能使学生加深对该单元讨论的话题的理解，让学生更加深刻地理解电影所传达出来的主题和所蕴含的文化内涵。比如，在上“大学生活”这一主题单元时，教师可以让学生观看《律政俏佳人》等贴近大学生活的青春校园片，因为影片里面有课堂、餐厅、电话、演讲、聚会等学生熟悉的场景，影片中的对话和台词能起到提高日常口语表达能力的作用。

（三）精泛结合原则

克拉申认为语言运用能力不是教出来的，而是随着时间的推移，学习者通过接触大量的可理解输入之后自然形成的。为此，教师应让学生涉猎各种题材的电影，接触原声电影，更多地感受影片中的文化艺术氛围，了解影片中的文化背景，适应各种人物的语言，增加可理解性输入，开阔视野，且满足对知识的渴望。对于一些演员发音纯正的影片，可让学生反复观看和赏析，如《阿甘正传》《白宫奇缘》《律政俏佳人》《当哈里遇到莎莉》《克莱默夫妇》等。

四、实施步骤

（一）课堂中

第一步：找一部语速适中、内容合适的电影。这里以《夏洛特的网》为例。

第二步：让学生先看电影前 5 分钟的内容。

第三步：从头开始，利用暂停键，一句一句暂停，或者半句半句暂停，一边暂停，一边讲解中文意思，然后每一句话教师领读一次，学生跟读三遍。

一开始的学习还是要多花费一些时间，因为一句话有多个单词，学生很有可能从来没见过其中的某个单词。所以，教师不仅要提示整句话的意思，还要对每个单词进行分别提示。无论是整句话的提示，还是单词的提示，都要反复进行，教师一定要有充分的耐心和细心。

在讲解的过程中，教师应尽量按照原文语序，同时，每个单词应尽量单独解释。单词的解释仅限于本句的理解，只需简单提示即可。不要为单词解释花费太多的时间，也不要对单词做横向解释，如 in the room 在房间里面，in time 及时。对于台词中出现的语法现象也是如此，但是在翻译中要尽量体现出语法意境。

第四步：反复跟读。5 分钟的内容，一句一句地学完，有可能需要两个课时。

第五步：将正在学习的内容编辑成音频资料发给学生，要求学生作为背景音乐找零散时间反复听。

（二）课后

看完影片后，教师应该积极组织学生进行一些与影片内容有关的教学活动，趁热打铁，以便及时巩固和提高学生的语言技能。

小组讨论。教师可以提出关于影片内容的一些有争议性的观点或者截取电影中的某个案例，要求学生进行分组讨论，然后选派代表发言。

角色扮演。对于电影中的某些精彩的片段，可以要求学生模仿或者改编，然后在课堂上进行角色扮演，如动画片《熊的传说》。

听写。对于电影中一些经典台词，也可以重放，要求学生做复合式听力和多次跟读，这样可以提高学生对语言知识点的理解和记忆。

影评或观后感。在课堂上选择进行以上的教学活动后，教师可以要求学生针对所观看的影片写影评或观后感。

教师点评。在进行了这一系列教学活动后，教师非常有必要对原声电影英语教学的过程进行总结点评，对于英语课程教学中的预期目标是否达到加以说明，指出学生在原声英语电影教学中的不足之处，鼓励学生再接再厉。

原声电影教学是新形势下因材施教原则在英语教学中的灵活运用和发展，是素质教育理念在英语教学中的实践。

第五节　翻转课堂在高职英语教学中的应用

当今时代信息技术飞速发展，这些新技术也对教育产生了重大影响。翻转课堂教学理念源于国外，与传统教学模式有很大的区别，作为新兴教学方式，近年来被众多的国内教育人士所知晓并青睐，掀起了一股教学改革的热潮。①

在现代科学技术高度发达的今天，信息化教学已经广为人知。学生获取知识的途径也多种多样，单一的教学方式注定会被淘汰，这对教师教学也提出了新的要求与挑战。如何跟随时代的发展，借助先进的技术，将其运用在教学中，提高教学质量，是目前教育界研究探索的重点。翻转课堂作为新的教学模式，受到了

① 刘健．高职英语教学中翻转课堂搭建分析 [J]. 英语广场，2024（S1）：19-22.

教师和研究人员的热捧，并不断被运用在教学改革中。因为翻转课堂教学模式与传统教学模式差异甚大，切合了目前“以学生为中心”的教育理念。通过对课堂、学生和教师角色的翻转，能够真正地实现把时间还给学生，提高学生的自主学习能力和学习的热情。然而，对于翻转课堂在具体课程中的运用，我们必须结合课程的特点、教师和学生的情况作具体分析。

一、翻转课堂的特点

翻转课堂的出现可以极大改善目前面临的困境，它的特点主要体现在以下三个方面：首先，在课堂组织方面，翻转课堂颠覆了传统的教学模式，不再是以教师为主的课堂讲授、学生课后复习的被动接受模式，而是要求学生课前自己通过各种途径梳理教学内容，借助视频等网络资源自主学习，课堂的重点不再是教师教授，而是小组讨论汇报，教师答疑。其次，翻转课堂翻转了教师与学生的角色，教师不再是传统的知识传播者和课堂主导者的形象，也不再是教学的中心和焦点，而是教学过程的策划者、组织者和推动者。学生也翻转了角色，成了课堂的主角，主动参与课程内容的学习，主动吸收和内化知识，真正实现了从被动接受知识到主动学习知识的转变。最后，在教学资源和手段方面，翻转课堂不再拘泥于传统的书本和 PPT，也不再是照本宣科，而是借助信息化技术和多媒体视频，依托微课视频和慕课等方式来联合教学，形式更加丰富灵活，也更受学生的欢迎。与传统的教学方式相比较，翻转课堂的确有很多的优势，尤其是在“以学生为中心”的教育理念指导下，翻转课堂能够最大限度地激发学生的学习兴趣，培养学生自主学习、分析问题、解决问题的能力。

二、翻转课堂在高职英语教学中的应用

“如何翻转？”这是最重要的问题，结合翻转课堂的特点和高职英语课程的具体情况，笔者将从以下几个方面进行阐述。

第一，翻转教师和学生的角色，以学生为中心。翻转课堂源于国外，最初是以视频的形式被人们所了解。所谓“翻转”，就是互换角色、互换位置。翻转课堂的首要任务就是要翻转教师和学生的课堂角色，让学生成为课堂的主导者，真正做到以学生为中心。课堂的设计分为课前、课中和课后三个部分。借助网络学习平台，教师将每章的内容录制成视频，并将这些视频与教案、PPT 和习题一起发到网

上供学生自主学习，网上学习平台的先进系统还可以使学生之间相互交流讨论学习内容，进行知识的交换和答疑。通过这种方式，学生学习更加自由舒适，可以边喝茶边学习，边听音乐边学习。同时更加有选择性，不懂的地方可以多看几遍，简单的地方则可以快进略过，既节约了时间，又提高了学习效率。课堂中，教师和学生的角色也进行了翻转，教师不再是课堂的主导，而是辅助，学生不再是被动地接受知识，而是主动地吸收。课堂上学生通过各种方式，或个人汇报，或小组讨论，将课前自己学到的知识进行梳理汇报，相互交流，然后由教师点评，指导答疑。课后，学生还可以再次通过网络学习平台观看视频，巩固知识，交流经验。通过这样一种角色的翻转，教师课堂讲授的时间减少了，工作量下降了，但学生的学习效率却提高了，学习主动性增强了。

第二，翻转教学地点，开拓多课堂教学。相比传统的教学方式，翻转课堂是一次颠覆性的教学改革，是从教学的各个角度、各个环节进行彻底的改变。因此，翻转课堂需要翻转的不仅是教师与学生的角色、教学的内容，还有教学的地点。在翻转课堂教学模式下，教学地点不再拘泥于教室，而是可以进行多种教学地点的探索，开拓除教室之外的第二课堂、第三课堂等。根据教学地点的不同，教学内容的侧重也应当有所变化。教室作为传统的、最普遍的第一类教学地点，有着其独特的优点，教室中完善的教学设备可以很好地辅助教师教学，它适用于理论、书本知识的讲解与传授。第二类则是校内的实训实验室，如口译实训室、语言实训室、翻转课堂实训室等。这些实训室除常见的教学设备之外，还有先进的根据教学任务打造的专门用途的教学仪器，主要用于学生的实训，具体的语言技能的训练。

在信息化时代的今天，各种教学改革都在齐头并进。目前，国内越来越多的教师逐渐意识到传统教育模式的不足，提出了“以学生为中心”的教育理念，“以学生为中心”就是要提高学生的课堂参与度，让学生真正融入教学环节中。翻转课堂作为新的教学模式正符合这一教育理念，应当被大力推广。高职院校英语应顺应时代潮流，通过翻转教学内容、教学方式、教学地点等方法，切实提升教学质量，提高学生的语言交际能力。

第六节　交际教学法在高职英语课堂中的应用

交际教学法是一种将语言交际能力作为语言教学目标的教学法，特别适用于高职英语“培养学生的语言应用能力”这个教学目标要求。笔者将对交际教学法理论和特征进行阐述，根据该教学法在英语教学中所具有的重要性和作用，进一步探讨它在高职英语课堂教学中的具体应用。①

越来越多的国际化交流情境使英语的应用及其交际功能越来越受到重视，除加强对学生语言基础知识和基本技能等方面的培养外，更需要提高学生交际方面的能力。交际教学法在英语教学中的运用，指的是将现实中的口语交际融入英语教学中，通过对学生在语言应用能力方面的培养来体现英语的实用价值，不断丰富语言形式。同时，交际教学法也是一种将语言和情境有机结合的教学方式，对学生的语言实践应用能力、应变能力等方面都有着显著的提升作用。在教学模式改革的背景下，英语教学中交际教学法的运用有利于实现学生的课堂主体地位，实现教师与学生之间平等和谐关系的构建，以帮助学生实现自身的综合发展。

一、交际教学法的概念和特征

交际教学法兴起于 20 世纪 70 年代，现已是世界上最具影响力的外语教学法。从社会语言学家海姆斯提出的关于交际能力培养的相关理论中可以看出，语言在一定程度上具有相应的社会文化性，并具有交际的功能，以自身所具备的语言能力为基础，通过对语言中前言后语之间的关系进行分析，是有效了解语言含义的基本方式，也是交际教学法具体运用的理论依据。因此，从实践理论的基础出发，交际教学法在本质上就是将英语的教学过程有效转变为生生之间和师生之间的交际过程。

在英语教学过程中，交际教学法的使用能使交际和教学之间形成相互作用的关系。一方面，针对交际，能充分明确语言是对意思进行表达的有效工具，教师无论开展怎样的教学活动，最终目的都是提高学生在英语交际方面的实际运用能力。另一方面，相较于准确性而言，在英语的交际运用中流畅性更为重要。相较

① 周婷．高职英语培养跨文化交际能力的教学策略探析 [J]. 海外英语，2024（10）：237-240.

于传统的教学模式而言，英语教学中的交际教学法在一定程度上对学生的语法运用错误表现出一种更加宽容的态度，因此不仅使学生在英语学习方面的自信心有所增强，还有利于提高他们在交流方面的灵活性和流利程度。同时，使用交际教学法的教学模式也能有效实现以学生为课堂主体的教学观念。在交际教学法中，学生是课堂教学的中心，教学是以学生自身的实际需求为基础的对语言和应用之间关系的融合，而教师则作为引导者，对课堂的交际教学活动进行精心设计，将提高学生的学习兴趣视为教学活动的手段，从而增强学生的语言交际能力。

二、交际教学法的原则

第一，结合实际原则。语言来自生活，又为生活服务，英语语言教学需要与实践相结合，并以此提高学生的交际能力。因此，英语教师在教学过程中相对于读和写而言，应当更加重视对学生在听和说两方面能力的培养。语言的交际功能决定了英语教学应当以提高学生的语言应用能力为主要目的，而语言应用能力指的就是学生在英语交际方面的能力。在教学中，教师应将生活实际充分融入英语教学中，同时在内容选择上应当与学生的实际情况相结合，并以此来构建教学情境，从而提高教学效果。

第二，精讲多练原则。要提高学生的英语交际能力，最有效的方式就是通过实践进行锻炼，这在很大程度上表明了英语教学在本质上具有一定的实践性。同时，教师也应该通过在学生的语言应用实践中融入相关理论知识，从而提高教学质量。这就要求英语教师在教学过程中要秉持精讲多练的教学原则，明确认识教学中教学和练习之间的关系，以及教学和练习之间的方法技巧，在教学中重视语言应用教学，让传统教学中的知识理论教学服务于语言应用教学，以便实现学生语言实践能力的提升。另外，教师应在适当的时候进行相应的理论知识教学，以加强学生对英语知识的了解和掌握，提高他们的语言应用能力。

三、交际教学法在英语教学中的作用

交际能力的本质指的是学生在特定的情境中能够对所学的语言知识进行灵活的运用。因此，从交际的角度出发，如果仅要求学生掌握英语的相关基础知识是明显不能适应社会交际需求的，还必须让学生清楚地认识到在交际中应当遵守英语语言的规则及在具体环境中熟练使用英语。对教师来说，交际教学法的运用能帮助他们明确教学的最终目标，并转变他们的教学观念。

第一，提高英语教师的教学能力。交际教学法的运用转变了教师在课堂教学过程中的角色，角色的转变需要教师具备更高的综合素质和能力，特别是教师组织教学内容的能力、把控课堂的能力、更新知识的能力、协调学生课堂活动的能力等。交际教学法要求创设真实、有意思的语言环境，并且在这种语言环境中使用恰当的方式进行交际，这就要求教师在课前深刻地理解教学材料。运用交际教学法的课堂组织形式主要有结对活动、小组讨论、角色扮演等。为了达到交际的目的，教师布置任务要明确。交际教学法的实施还需要教师不断学习，与时俱进，不断提高自身的业务素质。有调查显示，语言能力的不足是阻碍很多教师使用交际教学法的重要因素，所以英语任课教师要做学习型的教师。“从交际教学法的特征来看，教师虽不唱主角，却是整个教学活动的灵魂。”教师既要透彻理解教学内容和教学要求，还要熟悉学生，融入学生的学习活动中，以便发现和解决问题，这要求教师除自身的专业能力外，还必须提高综合能力。

第二，突出学生在教学中的主体地位。交际教学法能有效帮助英语教师针对学生的实际需要来确定课堂教学的内容及目的，而更加交际化的教学形式也使得课堂的教学环境更加趋向真实化，并更能有效激发学生的学习兴趣，让他们主动地参与学习，从而促进课堂教学活动的完成，提高教师的课堂教学效率。同时，这种交际化的教学方式能使学生将单词、词汇、语法等基础知识以及自身的语言能力有效地结合起来，使学生的语言能力得到综合发展。此外，这样的教学模式充分发挥了学生的主体地位，师生、生生之间的互动交际可以在很大程度上提高教学效果。

第三，促进教师与学生之间的互动交流。交际教学法能通过学生对自身语言能力的运用加强其学习动机。除此之外，学生与同学、与教师之间形成平等和谐的沟通关系，可以使学生的个性在教学过程中得到充分发展，进而形成和谐良好的师生关系。这种良好关系的构建能促使英语课堂的教学氛围更加轻松和谐，大大降低学生在传统课堂中产生的压抑感，对学生思维灵活性的开发以及创造性思维能力的培养均有较大的帮助。与此同时，构建和谐、良好、平等的师生关系，营造师生之间友好平等的沟通氛围，能帮助学生增强英语学习的信心。

四、交际教学法在课堂教学中的具体应用

实施交际教学法能在较大程度上提高英语在现实中的实用性。这不仅是一种教学方法，更是教学的根本目的。所以，在英语教学过程中，教师可以采纳以下方法来实现交际教学法的具体应用，提高学生的英语应用能力。

第一，构建交际教学情境。教师在教学时可以根据教材内容帮助学生构建交际的情境，或者提供相应的关键词，让学生据此构建语言情境。教师也可以让学生通过角色扮演的方式进行交际能力的训练，教师可以教材内容为基础，提前准备相关表演道具，通过活动的方式吸引学生的注意力，调动学生学习英语的自主性。同时，教师还可以通过辩论或者演讲比赛的模式，提高学生在英语交际方面的灵活应变能力。

第二，拓宽语言交际空间。从本质上来看，教学实践的活动和语言的交际之间仍存在一定的区别，其中活动往往更加注重对形式的掌握，英语教学往往注重对固定句式的演练。而交际则需要在思想上形成相应的联系，需要生生之间、师生之间在交流中对语言运用做出一定的思考。比如，在进行交际练习时，教师可以用“疑问+疑问”的句式将学生引入思考。比如，“Do you want to travel around the world?”如果仅这样提问的话，学生的回答一般是“Yes, I do”或“No, I don't”，而如果教师以“Do you want to travel around the world? Why?”那么学生在回答时，除“Yes, I do”或“No, I don't”外，还需要针对“Why”进行思考后再回答。因此，这样的方式就已经不是对句式的训练，而是引导学生针对问题进行更加深入的思考。运用交际法的根本目的就是要有效地提高学生在实践交际方面的能力，而不仅仅是让学生掌握规定的语言句式。因此，英语教师在教学中要能有效地构建运用语言的条件，以激发学生对问题的思考，并提高他们对语言灵活运用的能力。

第三，确立学生的主导地位。英语教师在教学过程中要坚持学生在课堂的中心地位，针对学生的实际情况，实施交际教学法，从基础知识、语言能力、翻译能力等方面加强培养，提高学生的英语综合能力。因此，教师应根据学生的实际情况选择教学内容，为他们提供更多的听说自主练习的机会。教师在课堂上可以通过全英语教学的方式，加强对读音、语调等方面的强化训练，提高学生的听力理解能力。也可以让学生用英语进行日常交流，多读、多看、多听英文类的书籍、报纸、杂志、电影等，在积累交际知识的同时，提高自身的语言应用能力。通过这些方式促进教学课堂和谐轻松，从而充分调动学生学习的自发性，提高课堂成果。

第四，鼓励学生日常英语交际。与传统英语教学相比，交际教学法的应用在很大程度上对学生的语法运用错误会采取较宽容的态度，对学生日常的英语交际运用给予极大的鼓励，能调动学生的学习积极性，并提高他们的学习自信心。因此，在英语的交际教学法中，英语教师应当实时将学生的思维导入其所要表述的内容中，并让他们用英语进行相关内容的表述，通过语言经验的积累提升自身的交际能力。在实践中，大多数学生之所以不敢说英语，是因为害怕在交际过程中犯错，因此，对学生进行鼓励也是教师的重要任务之一，教师应对学生的错误表示宽容，以提高他们在交际中的自信心。

综上所述，交际教学法在英语课堂教学中的应用改变了传统教学模式下注重语言形式、忽视语言功能的做法，提高了学生学习英语的兴趣和运用英语的积极性，学生通过真实的交际活动提高了运用英语的能力，实现了语言教学的真正目标。

第七节　情境教学法在高职英语课堂中的应用

一、运用直观教学手段和创设情境，激发学生求知欲

运用直观教学手段创设情境，可以通过以下三种方式实现，即实物、图片和肢体语言。实物和图片主要用于单词教学中，如水果、蔬菜、颜色、动物等可以用实物或玩具。而生动形象的图片对于那些在现实生活中难以找到的东西也是行之有效的。如教授自己家的房间的词汇时，可以利用图片和肢体语言让学生在情境中学习，学习“living-room”就做换频道的动作，“bedroom”就做起床的动作，“kitchen”就做炒菜的动作等。

实际情境贴近学生实际生活，为所有的学生所熟悉。众所周知，“good morning”“hello”这样的句子，绝大多数学生都会运用。如“bye-bye”更是连几个月的婴儿都能理解和运用。为什么？就是因为实际情境的运用赋予了这些句子极强的生命力。

当前的高职英语教材内容都与学生的日常生活密切联系，这就要求英语教师

在备课时，要认真钻研教材，并根据实际巧妙地启发学生，使其把所学的英语与实际情境结合起来并加以应用。如某教师在讲授“making our world more beautiful”这一课前，收集了有关环保的知识，了解了班里的卫生情况。于是，在巩固练习的时候，他设计了几个问题让学生回答。

Who's on duty?

Can you sweep the floor?

Is your classroom dirty or clean?

What things can harm the environment?

What should we do to improve our environment?

这样，学生把课堂教学与周围的环境相联系，然后教师把收集到的资料、图片和环保的宣传资料，环保的画面，播放环境的 VCD 给学生看，学生看到这些资料时，就会意识到环保的重要性。全班同学共同达成协议：“If everyone makes a contribution to protecting the environment, the world will become much more beautiful.”

教师要最大限度地利用教室里现有的人、实物设置情境进行教学。例如，在操练“have you got…？”句型时，可直接利用学生自己有的书、字典、尺子、铅笔等，让他们两两或小组演示情境，练习向别人借东西的习惯用语。如向别人借字典时，可这样进行：“Excuse me, have you got a dictionary?”“I think I've got one. Yes, here you are.（Sorry, I haven't got one. Ask Li Lei.）”①

巧用实际情境的方法使枯燥的长篇英语课有趣起来，这样不仅锻炼了学生的想象能力，还提高了学生的口语表达能力。学习英语的最终目的是能在真实的语言环境中进行交流，这就要求教师不仅要向学生传授语言专业课程知识，更要培养他们用英语进行现实生活交流的能力。在我国的高职教育中，无论是从市场就业需求还是从国家政策来看，公共英语教学都应该以促进就业、适应工作过程交流为导向来进行英语课程改革。情境教学法是指教师在课堂上设置一些真实性和准真实性的情境来学习和使用知识，它能使学生如临其境，使学生从形象的感知达到抽象的理性思维和顿悟，从而激发学生的学习兴趣，使学习活动成为学生的自觉活动。

① 肖蕾 . 论情境式教学模式在高职教学中的构建 [J]. 文学教育（上），2020（11）：176–177.

二、运用电教媒体创设情境，培养学生积极参与情境交际

电教手段有很多，如幻灯、录像、录音、CAI 等。录音机是英语教学中使用最多的，操作最方便又容易控制的教学媒体。它可以提供真正交际语言范例，可播放英语歌曲、配乐小诗、童谣、故事等。录像的优点是声画结合，再现真实情境，让学生能轻松地理解对话的意思并尽快地模仿。如笔者在教学怎样购买食物时，就到快餐店去拍摄了一段购餐情境的录像，这样一下把学生带进了生活情境，使之愉快地学习。课件的优势在于可以模拟现实环境或虚拟现实生活中不易找到的场景和事物，利用视觉、听觉和触觉等多种形式对学生进行感官刺激，它在教学中可以起到很好的效果。一般在教学中遇到教材内容离学生的生活较远，时间跨度较大，文化背景知识复杂，传统的教学手段如实物、卡片又难以奏效时，可运用现代化的教学手段，引入新课。向学生展示一个声、像、图文并茂的信息窗口，为学生营造生动、活泼、直观、有趣的教学情境，可以积极地调动学生的学习热情，激发学习动机。

（一）实物对话

高职学生学习英语的资历尚浅，词汇量有限，所以教师在运用实物对话时应用一些词汇、句法较为简单而又明了的句子，使学生听到的和努力去说的英语具有强烈的真实感。如教师可指着自己的黑头发说："This is my hair." "It's black." 有时教师还可把实物演变为一些简单的游戏形式，以加深学生的印象，如教师指着自己的鼻子说："This is my ear, is that right?" 学生便会很主动地回答："No, it's your nose." 有时，学生会因由此物联想到彼物，产生一些新的信息，增加词汇量，教师也可在课前准备一些小件物品放在提包里，以便拿给学生看，还可根据实物进行各种形式的提问。这就是"直观教具教学"。如教师在教关于"时针"这一课时，可以事先预备一个闹钟，上课时就可以指着闹钟的各个部件来解释课文，这种具有强烈真实感的实物既利于理解有关课文内容，又有助于学生的形象记忆，以便达到运用英语的目的。

随着学生学习的进展，可以扩展环境，教师可以让学生描述实物，然后进行讨论，当然教师使用的实物应根据课文内容来选择，使学生加深对所教内容的理解。

（二）动作对话

动作对话的根本作用在于对动词的运用，让学生通过动作对话掌握动词的用

法与时态的运用，同时还可以掌握增加情境中的新信息即新的词汇。

教师针对课本中的内容表演出一些动作，然后说出所做的动作，如 knock (at)，stand (up)，sit (down) 等，并且注意时态的形成，教师边说边做，以便在学生的头脑中产生信息反馈，留下联动式印象。教师还可以在课堂中向学生说出一些动作，然后要求学生按照所举出的动词做出相应的动作，可以一个、两个或者一组甚至全班同学都可参加，这样一来，学生们都跃跃欲试，大大激发了他们的积极性，在训练听说的过程中又锻炼了学生的表演能力。当然教师在此过程中应举一反三，可以运用各种时态、各种人称及不同的时间、地点状语，使学生能更加熟练地掌握和运用英语。

如果条件允许的话，我们还可以把动作对话发展成哑剧或者小品的表演形式，让学生用适当的语言来描述所做的动作，猜测表演者所要表达的思想，使活动成为一种有相当竞争性的游戏，内容丰富多彩，从而激发学生学习英语的兴趣。

在动作对话的过程中，教师在达到教学目的的同时，还要有所控制地让学生用这些动词进行自由表达，这样才能使学生在无意识的实践中掌握所学的语音、语法、句法等，也就达到了学习英语的最终目的——交际。值得注意的是，所描摹的动作中生词率一般情况下不要超过 5%。

（三）图像对话

教师可根据课文设计一个情境，在课前画一幅画，上课时就请学生进行角色表演，认真描述图中情境，引发学生对课文内容的兴趣，激发他们听英语的欲望，使他们不由自主地去理解和掌握课文内容。例如，在学习有关问路的对话“Excuse me, which is the way to the east street hospital?”时，教师可以在课前设计一幅从所在中学的位置到另一个地点的路线图，然后根据画面的路线要求学生以一问一答的形式进行问路对话，经过哪几条街或路，乘哪几路公共汽车，其中拐了哪几个弯……这样学生便会很快掌握课文中的对话，巩固所学习的知识，同时也复习和巩固了一些常用的词汇及它们在语言中的运用。

教师也可以根据当时当地的实际情境，画出一些带有工厂、商店及其他建筑之类易于理解的直观图面，让学生进行描摹交际。在这种对话的过程中，要求学生反复使用所学的语言，锻炼其表达的连贯性，培养学生用简单的日常英语直接表达自己思想的习惯。

（四）连锁对话

连锁对话是一种具有广泛趣味性的练习形式。学生在对话里可以应用所学过的各种表达方式及其语言结构。教师可让学生把课文作为起点，然后发展出各种形式的问答句，采取分组分批的方式进行连贯性的对话。

温故而知新。我们还可以综合本学期或在此之前所学过的内容进行自由式的连锁对话，这个办法尤其适用于复习课。如我们在前面的部分学了一般将来时、现在进行时和过去进行时态，那么我们就可以让学生根据所学的时态并综合以前的现在时态、过去时态等进行连锁性的对话，相互询问这几天来所做的事情、正在做的事情以及以后几天的打算。

在适宜的情况下还可以让学生凭借自己所想象的情境编出一些具有创造性的故事情节，以活跃课堂气氛，学生在此情况下就会竭尽全力运用他们所能够想得到的任何例子。当然这种连锁对话是在构思的情境中进行的，教师不能过分要求学生有很强的逻辑性，而应让学生尽可能顺着自己的思路进行表达，相互补充对话情节。这种对话情绪激动时可以感染全班同学，激发学生学英语、说英语的积极性，培养学生在实践中创造性地运用所获得的言语技巧，使学生在交际过程中学会言语反应。

三、创设情境，开发学生的创造潜能

运用情境法进行教学，把枯燥的语言知识变为学生喜闻乐见的语言实践活动，能激发学生的学习兴趣。但是，如果我们的教学只是局限于一成不变的情境，那么高职学生在一定的操练之后会感到厌烦，这就要求教师要善于驾驭课堂的教学节奏，适时拓展情境，让学生创造性地把学过的知识表达出来，这对于提高学生的语言交际能力，无疑是大有裨益的。

例如，在教“Halloween”这一课时，正值西方国家一年一度的万圣节，于是笔者便上网搜索了很多关于万圣节的资料。课程开始时，笔者说：“Boys and girls, here's a card for you.”电脑屏幕上缓缓向学生展示一张电子贺卡，电子贺卡最后是一排醒目的大字“万圣节快乐”。“Today is Halloween. Do you know Halloween?”（由于大众媒体的传播，学生对万圣节已有一定的了解。）顺着学生的介绍，笔者打出了各种图片：南瓜灯、身着奇装异服的人们等。“Look, what are they doing?”电脑屏幕上展现出孩子们在边交流边打扮准备参加万圣节的情境。“Do you want to join them?”学生开始边讨论边打扮起来。“Now let's go!”学生挨家挨户拜访，索要糖果。笔者设置了万圣节这一特定的文化背景，让学生置身于这种模拟的文化背景中进行角色扮演活动，并指导他们尽量按照角色的特点和特定的语言交际环境来正确地使用语言，指导他们尽可能地使自己的语言风格符合所扮演角色的民族个性。这样的教学活动可帮助学生形成结合相关社会文化背景来参与人际交往的意识。

在教“The Seasons of the Year”这一课时，笔者先创设情境来调动学生的学习积极性，用体现春夏秋冬的四幅情境图进行视听教学，让学生对要掌握的内容有感性认识后进行说的训练。在此基础上进一步拓展情境，把准备好的情境录音放给学生听。春天：抒情的音乐，并有小鸟在鸣叫。夏天：热烈的音乐厅，并有人们游泳戏水的欢笑声。秋天：欢快的音乐，收割机在轰鸣，人们在欢笑。冬天：紧凑的音乐，北风呼呼。让学生根据录音一边创造性地做出相应的动作，一边讨论相关的话题，使他们兴致勃勃地用学过的词汇和句型说了许多话。

这样拓展的情境使学生感到很新鲜，激发了学生强烈的参与欲望，收到了良好的教学效果。

（一）运用丰富的想象力创设情境

在培养学生运用语言实践的时候，教师可以鼓励学生自己创设情境，组成对话。教师让学生自己想象一个情境，把学生所学的语言表达出来。有的设计成在生日盛会上的对话，有的设计成医生和患者在医院的对话，有的想象成在学校新生报名时的情境，等等。这样变被动为主动，培养和提高了学生的创造能力。

（二）表演、游戏、故事创设情境

大部分学生喜欢表演，通过学生自己表演或创设情境做游戏，容易激起学生的情感体验。如笔者在教“Giving Advice”这一课时，首先创设一条主线：“Student A failed the English exam, and feels very frustrated. Student B is trying to encourage him/her and give some advice on learning English.”

A 同学英语考试不及格，感到非常的挫败，B 同学试着鼓励他，并给他提了一些关于英语学习的建议。

同学们会运用提建议的句式，如“I suggest…”,“Why not…”,“You'd better…”,有的学生还上台来表演，大家都兴致盎然地去学习跟故事有关的内容。这个情境的创设，不但让学生巩固了知识，而且对学生也进行了一次极好的情感教育。

（三）讲故事创设情境

学生都对故事感兴趣，教师若在讲课前把当天所学的内容编成故事，就能抓住学生的好奇心，吸引他们的注意力，从而引导他们兴趣盎然地去学习跟故事有关的内容。

四、改变教学环境，创设更广阔的情境空间，调动学生的学习积极性

对于跟我们现实生活很贴切的教材内容，教师可以大胆改变教学方法，把学生带到教室外面，让他们到实际生活中去感受，体会真实的情境。这样不但提高了学生的兴趣，加深了他们的印象，还锻炼了学生的实践能力。

高职英语的教材内容大多与学生的日常生活密切联系，但这些内容不可能正好与教学的实际情境相吻合，因此，英语教师在教学方面要创设情境，调动学生的学习积极性。教师在创设情境时，应密切结合教学内容和学生的需要，所设情境要贴近教材内容，并符合学生的认知水平和心理特征，努力做到教材、情境、学生高度协调统一，只有这样，才能充分发挥情境的作用。

如在教“Merry Christmas”这一课时，因为该课文的教学时间正好是 12 月，教师可以在课前准备好圣诞树上的小饰品等，上课时教师一边给学生展示教具，一边用英语进行讲解，同时还辅以必要的动作来演示动词词组。

Help decorate the tree.

Cut down the Christmas Tree. Put up the lights.

Put an angle or a star at the top of the tree.

学生很容易融入这个圣诞节的情境中，根据创设的情境积极踊跃地发言，整个课堂气氛非常活跃。

简笔画简单、易学，往往画几笔就能表现一件事物、一个行动、一个情境和一个情节；而且它概括性强，能更为准确地表达意思，克服复杂画面常分散学生注意力造成误解的缺点。因而简笔画可用于一切场合、一切环节。会一些简笔画技巧是英语教师的一项基本功，教师可用简笔画来显示新的单词，表达句型和语法。

如讲授“the high jump”和“the long jump”两个短语时，教学时如果在黑板上画上“跳远”“跳高”两幅简笔画，学生就很容易理解这两个短语的意思。再

如“What's he/she doing”主要是学习和操练现在进行时。教师在黑板上画上男孩或女孩放风筝、做作业、跳高、跑步、看电视等若干简笔画，学生会很快地表达出““She's flying a kite.”，“ She's doing homework.”，“ He's running. He's watching TV.””

创设情境有多种方法，有用语言假设的抽象情境，有用画面创设的直观情境，有用音像创设的情境。教师在设计教学时，应用什么方法取决于教学的实际情况，尤其要符合学生的实际，要利于激发学生学习的积极性，要利于教学目标的实现和教学内容的落实。

第五章　高职英语任务教学的方法应用

第一节　任务型教学法的任务设计

一、任务设计的原则

外语教学中的课堂任务主要是发展学生的语言能力,促进学习者的语言发展,提高他们的目的语言在实际生活中的综合运用能力。不仅如此，任务还要满足学生增进学习情感、端正学习态度的要求，通过任务型教学树立学生的自信心，激发他们的学习动机，培养他们的学习策略、批判性思维和跨文化沟通能力。要实现如此多的目标，就需要教师在设计课堂任务方面进行大量的思考和研究。在任务设计的过程中，要遵循一些基本原则，在这些原则的指导下，教师的教学任务才能吸引学生，才能顺利在课堂实施并取得满意的效果。①

（一）真实性原则

真实是指在实际生活中真实交际时人们使用语言的情况，但在实际教学过程中需要学习者完成的任务活动可以是生活中真正的任务或活动，也可以是虚拟的任务或活动。无论哪一种,真实性任务都要求任务的设计要提供给学习者明确、真实的语言信息，使学习者在一种自然、真实或模拟真实的情境中体会语言、掌握语言的应用。任务的设计要与学生的实际生活结合起来。任务要尽可能接近现实生活中的各种活动，也就是说，任务要有一定的真实性。以往传统教学中的听写句子、根据文章回答问题、把主动语态变成被动语态、词形转换、补全句子、替换练习、仿写句子等训练，在真实生活中是不会出现的，因此无法给学生提供真实的语言交流机会。

---

① 胡亚雪.任务型教学法指导下的高职院校英语语法教学研究[D].北京:华北电力大学(北京),2016.

任务型教学模式是语言和内容的有机结合体。任务型语言教学强调任务的真实性，课堂上设计的任务要反映现实生活，使语言教学有的放矢，在任务的完成过程中学生能够最大限度地运用英语完成交际。任务型教学模式使教学过程从学生的实际需求出发，突出特定情境中口语或书面语的使用。任务型教学模式通过角色扮演、模拟对话、讨论、分组辩论等活动，引导学生尽量用语言传递信息和表达思想，学生在真实的交际情境中运用学习内容，更快、更好地获取以内容为依托的语言知识。

（二）"脚手架"原则

"脚手架"原则是指教师应在教学设计时对学生完成任务遇到或可能遇到的困难给予必要的帮助。这种困难可能是语言知识或语言技能缺乏，也可能是学习策略或情感态度不对。因此，教师在设计任务时要激活学生已有的背景知识，了解学生的认知需求，激发和维持学生的学习兴趣，克服或避免学生完成任务时可能遇到的困难和挫折。

任务设计应在任务的认知、处理难度和语言项目难度之间取得平衡。斯凯恩提出任务型教学法的三大教学目标，即语言的准确性、复杂性和流利性。他认为，任务应成为某种通道，学习者可以通过它掌握某种语言形式。如此使用的通道，其目的可能是掌握会话的某些方面或者总体上实现准确性、复杂性和流利性，甚至是掌握这一语言的某种特定结构。语言项目难度过高时，可把大任务细分为相邻的小任务，注重难度的层层递进、步步深入。这样拆分任务，可确保难度层层递进，保证大多数学生顺利完成任务。这样既体现了任务型教学法的三大教学目标，又降低了学生语言项目的处理难度。

根据"脚手架"原则，各课时任务之间要有关联，应由简到繁，由易到难，层层深入，并形成高级任务涵盖初级任务的完整任务链。不仅各课时任务间应遵循这一原则，每一课时在设计任务时也应遵循由易到难——从接受性任务（如听、读）到表达性任务（如说、写）、从理解性任务到运用性任务、从模仿性任务到创造性任务的顺序。

（三）合作性原则

交际是人与人之间的活动，在现实生活中人们使用语言的目的主要是获取信息和传达信息。在完成任务的过程中，学生必须经历使用目的语获取信息、处理信息、分析信息、整合信息以及传达信息的过程，如果语言学习活动不涉及信息的获取传达，学生就无法顺利完成任务。这就要求教师在任务设计时要注重同伴和小组的作用，鼓励学生在与同伴的交流中学会合作学习、独立思考，在互动中学会交际。比如，在学习词汇时，教师请学生列举描述个人性格的单词。当学生找到一些自己认为有用的单词后，可以让他们与同伴进行比对并讨论，进而形成新的词汇列表。经过讨论和交流，学生往往会整理出很长的关于描绘人物性格的词汇列表。可见，合作性学习在帮助学生理解、记忆和积累单词中起到正向的作用。

正确理解任务型教学的理念，坚持以学生为中心，鼓励学生在完成任务时互帮互助，通过合作分析和研究任务中可能出现的问题和困难，就能化阻碍为动力，推动学生探索解决问题的办法，从而使任务型教学在课堂中不断深入和发展。

（四）趣味性原则

有效的语言习得需要学习者对输入的语言感兴趣，并能够自觉地对语言的意义进行加工。对学习者来说，越有趣并且越有关联的语言输入越能激发其兴趣，也就越有可能习得语言。理想的输入是可理解的、既有趣又与学习者相关联的和数量足够的输入。第二语言使用的流利度归因于那些我们所习得的，而不是那些我们所学习的。

现实世界的活动是丰富多彩的，人们日常交际的方式也是多种多样的，这就要求教师在设计任务时考虑采用多种形式的任务，使学生能够有机会全面地综合运用他们所学的语言，通过多样性增加语言任务的趣味性，激发学生的学习热情。在任务型教学的课堂实践中，如果教师经常使用一种任务类型，学生慢慢就会从有新鲜感转化为厌倦无奈，提不起精神。这时不妨引入其他类型的任务或增加任务的难度和复杂性，这种改变对学生来说既陌生又有挑战性，他们会重新投入更多的精力研究任务、完成任务。

有些任务是由个人完成的，有些任务是由小组合作完成的。课堂上可以通过不断变换方式，两者取长补短，既有小组合作的交流沟通，又通过个人任务提高效率，避免个别同学不积极参与小组活动的问题。任务设计的多样性变化，使学习变得生动有趣，使学生既有独立学习的效率感、成就感，又有小组活动中的团结协作，以此激发学生的学习积极性，增进他们的学习情感，培养他们的批判性思维和创造性思维。

（五）做事情原则

任务型教学模式强调“做中学”,关注学生的动手操作。如果仅让学生阅读文章，按照文章的意义进行完形填空，则不能称为任务，因为在这个过程中学生没有做任何具体的事情。这里所做的事情是指制作图表、动手操作绘制流程、进行方案设计、提供解决方案等，当然，口头讨论并做出决策也是做事情。任务的设计必须以学生为中心，以学生为主体，让学生在课堂中积极参与活动，通过参与学习语言。学生通过完成与现实生活相关的课堂任务，模拟语言在真实语境中的使用，在“做事情”中体验学习，增加目的语的使用机会，从而提高英语实际运用的水平。

（六）表达意义原则

任务必须以表达意义为中心，而不是以语言形式的练习为中心。比如，把句子中的主动语态变成被动语态，把现在时变成过去时，忽视了语言本身的意义，只进行了语言形式上的转换，学生无法通过这种练习形成语言的表达逻辑和语言的思维逻辑。这种练习完全是一种操练形式，没有意义的参与。这里所说的表达意义是指学生真实意思的表达。

此外，完成任务必然要有一个明确的结果，这个结果可以是口头的也可以是书面的，比如学生的图画、设计的表格、写下的文字、列出的清单、制作的 PPT、做出的决定、呈现的小组展示。任务的结果是检验学生是否完成任务的重要依据，也是衡量学生完成任务优劣的评价依据。只有过程没有结果的任务型教学是不完整的，也是不规范的，在课堂实践中无法顺利推行。不对任务结果做要求，学生很容易敷衍了事。尤其是对于高职学生来说，必须以结果作为考核的重要标准，从而推动任务型教学的顺利开展。

在设计课堂任务的时候，教师要注重这些原则，使之成为把握教学设计的标尺。因为只有遵循这些原则，才能在课堂实践中运用任务型教学法并使其发挥应有的作用，教学才能实现“以学生为中心”“做中学”的理想状态。更重要的是，教师要了解学生的学习状态、学习特点和实际水平，只有在此基础上这些原则才能真正发挥作用，脱离了教学对象，再完美的教学设计也只是“纸上谈兵”。

二、任务前阶段课程设计

任务型教学法的目的是通过任务为语言学习和技能发展创造机会。如何设计任务和组织课程是任务型教学的关键问题。任务是由三个阶段组成的，因此每个任务前设计、任务中设计和任务后设计都至关重要。在每个阶段，教师分别扮演着不同的角色。

根据任务的基本框架，一个完整的任务包括任务前阶段、任务中阶段和任务后阶段。不同的阶段需要安排不同的活动来帮助学生顺利完成任务：任务前阶段主要是对任务进行介绍和前期准备；任务中阶段侧重于学生动手能力的培养，通过计划、讨论实施并完成任务，练习以口头报告或书面表达的方式体现出来；任务后阶段强调教师对学生的任务完成情况进行评价，对语言点进行分析讲解，根据情况提供相应的练习等。

斯凯恩指出，教师在任务前阶段有两种选择，即强调任务的一般认知需求和强调语言因素，可以通过以下四种方式之一解决：①支持学习者完成近似的任务；②要求学生观察任务的模型；③让学习者参与非任务活动；④准备完成任务的战略规划。

任务前准备也可以包含非任务准备活动。它有助于减少对学习者的认知或语言需求。埃利斯（Ellis）认为，激活学习者的内容图式或向他们提供背景信息将有助于学习者完成任务。任务型教学中的各种任务前准备活动具体包括以下几个方面。

（一）激活已有背景知识和语言知识

学生能否成功完成任务，不仅取决于语言的因素，还与内容理解上的因素有关，因此任务前准备活动的重要作用就是帮助学生减轻认知上的压力，引导他们提取已有的知识，帮助他们在旧有的知识和新增的信息之间建立桥梁，使他们扩大知识网。威利斯（Willis）认为任务前阶段有许多活动，如头脑风暴和思维导图。这一阶段主要是激活学生头脑中关于语言学习相关的背景知识与信息，为他们提供完成任务所需要的语言知识和文化背景。埃利斯指出让学生熟悉必要的话题，能帮助他们重构这些知识，减轻他们完成任务时的认知和语言压力，这对于任务的完成非常重要。

斯凯恩认为，认知因素和语言因素是教学任务中两个值得考虑的因素，这里的认知是指对单元话题相关背景知识以及所完成任务的了解和认识。学习者往往因为注意力有限，经常优先考虑认知因素，而不是语言因素。因此，对于学生熟悉的话题，教师需要激活他们的背景知识和知识结构，把任务中所涉及的话题和学生生活背景中所熟知的内容联系起来，帮助学生建立新的信息与他们过去已有的知识之间的联系，促使学生熟悉话题，使学生思维活跃而发散，有话想说，有话可说，有话要说，愿意参与任务。教师可以通过提供示范或相关的视频资料，让学生观察任务的完成过程。比如讲到商标时，可以让学生回忆他们记忆中最熟悉的商标，可以通过一段广告视频播放来激发学生对商标的认识。

激活语言是任务前阶段的重要环节，可以给学习者输入新的语言和语法，帮助他们重构语言系统。这种活动在某种程度上可以激活和调动已有的资源，使学生把新的信息与过往旧有的信息联系在一起。

（二）任务示范

任务前阶段的目的是帮助学生为任务表现做准备。斯凯恩和威利斯都认为，“观察他人执行任务有助于减轻学习者的认知负荷”。埃利斯提出任务前阶段的准备活动内容之一，就是为学习者提供示范或做一个近似的任务。

在任务前阶段提供合适的模型非常重要。这个阶段不一定要求全体学生参与表达性任务，可以只是让学生观察这个任务是如何完成的，要求学生思考示范的例子在哪里做得好。通常，并不是所有的学生在听指令时都能集中注意力，他们对任务不清楚，不知道教师希望他们做什么，也不知道如何呈现结果，在这种情况下，提供示范的模式可以帮助学习者减少认知负荷，提供参考模板和正确的标准导向。通过模板的学习，学生将非常清楚他们将要做什么和如何做，在模型的指导下，学生可以更有效地开展工作。

此外，教师还可以通过给出一些例子，让学生知道他们在任务中使用的目标语言是什么，比如让学生以小组为单位模拟商务会议，可以事先给学生观看一段关于正式商务会议的视频，在视频播放的过程中适当插入讲解，引导学生观察在整个会议过程中会议主持人用怎样的语言进行会议主持以及发言人如何发言。在示范的同时，教师还应该向学生介绍各人物之间的关系，以及会议所要达到的目标、语言表达过程中的注意事项。遇到学生不懂的单词，教师可以提醒学生注意，并在必要时加以解释，对于其中所反映的文化或俚语表达进行解释说明。

但是问题常常是，当模型给出之后，一些学生懒得去再创造，他们喜欢模仿模型，因此关键是教师要强调给出的例子只提供模式上的参考，内容不可以雷同。只要明确要求，学生就会在完成任务的过程中避免单纯抄袭。

（三）词汇学习

很多教师在呈现新语言时都会用一定的时间练习语言的形式、语法、词汇、句型。依据词汇语义理论，人们掌握词汇的过程实际是建立词汇相关联的词汇系统的过程。当学生的词汇量积累到一定程度时，他们的大脑会不断在新学的词汇与先前学过的词汇以及相关背景知识间建立某种联系，一旦建立起这种联系，各个单词构成一张网，建立一个相关单词的语义图，这样词汇的含义才能真正被储存在大脑的长期记忆中。

语言学习的一个重要条件是复现率，词汇学习可以增加重构语言系统的潜在机会，语言不是一次学习就可以掌握的，特别是复杂的语法。教师在设计任务时要考虑重复学生已经学习但还未掌握的语言，减轻学生处理信息过程中的负担，帮助学生将所学词汇纳入大脑的记忆体系，以便随时提取。因此，任务前的词汇学习活动可以使学习者有机会调整和重新组织自己的语言系统，使它更加完善。由此，学生可以运用这些新词与原有词汇的结合，在任务型语言教学活动中创造性地使用语言。

词汇活动的设计，教师可以使用 PPT，借助图片和单词讲解相结合的方式帮助学生记忆单词。例如，在讲解“architecture”（建筑）这一单词时，教师可以提供我国一些著名的建筑图片，如天安门、鸟巢等，帮助学生建立词语和意义之间的联系。研究表明，人们记忆单词的最好办法是将单词的发音与单词影像化和具体化。与语义相结合，也就是说学生口头使用某个词时可以想象这个词的形象以及使用情境，或将其与现实情况或自己的生活经验相联系，这样学生就容易理解单词的意思，并且能够长时间记忆。

（四）语法结构呈现

提起任务型教学，我们总是把课堂教学和生活中的实际任务联系起来，实际上在真实的课堂教学中我们是不能完全摒弃过去的传统教学方式的。另外，任务型教学也并不排斥模仿和重复。尤其是在课堂教学中，总要有一些比较机械性的训练，通过反复练习，使学生加深对语法现象的记忆。因此，许多倡导任务型教学的学者明确提出句型操练是必要的。Nunan强调句型练习并没有错，它是大多数学习者学习过程必经的一个阶段，可以帮助学习者获得交际所需要的基本能力。

任务前活动之一就是让学生熟悉基本的句型结构、固定表达格式等，人们也称这类活动为使能性任务。使能性任务包括呈现新的语言点，如功能词汇、语音、语法和句型结构等。有了任务中的语言操练活动的铺垫，学生才能够顺利完成任务。使能性任务为任务完成中的沟通与交流提供必要的语言支持。

在英语的训练中，充分的输入是非常必要的。如果教师只为学生提供了任务要求而忽略了语言本身，就会导致学生为了完成任务只使用大脑记忆中原来的语言知识进行沟通，新的语言知识并不能通过任务的完成自动教授给学生。因此，可以通过机械性的语法训练，帮助学生掌握表达中所要用到的语言点。

一般来说，新语言结构的练习可以分为两个阶段：一是机械性练习；二是有意义的练习。机械性练习主要是针对学生对于新的语法现象不熟悉的特点，通过反复练习，吸引学生模仿，使其准确地掌握新的语言点。有意义的练习介于机械性练习和交际任务之间，起到桥梁的作用，它使学生通过机械性练习掌握了固定的表达方式和新的语言模式后向表意的方向发展。因为机械性练习着眼于语言结构的训练，其表达的含义与现实生活相去甚远，所以这种语言是“死的”，要把这种语言“变活”，我们就需要通过意义来给它注入灵魂。有意义的练习结合机械性练习，能够使学生为后面的交际任务打好坚实的基础，从而顺利完成任务。

因为任务前活动会对学生完成任务的效果产生影响，所以在课堂教学的具体过程中教师必须注意以下几点：第一，任务指示语要清楚，使学生明确任务要求。有些任务要求不够明确、不够清晰，导致学生听不懂他们要完成的任务或者对于任务的理解产生歧义。第二，给学生充分的时间。根据任务的难易程度来决定时间分配，如果任务比较简单，那么可以尽量少用一些时间，如果任务比较复杂，需要多人协作共同完成，则务必要给足时间使学生完成任务的计划、沟通和实施。这种时间安排技巧是教师根据自己的经验和任务的难易程度及学生的特点摸索出来的。

三、任务中阶段课程设计

任务型语言教学中的任务和传统教学的练习是有区别的，任务型语言教学的活动通常是一个任务的不同阶段，它们彼此关联、互相衔接，围绕一个最终目标，而传统教学的练习只是孤立地进行语言项目训练。任务型语言教学中的任务能充分调动学生的学习积极性，体现“做中学”的特点，即通过做事情来学习语言，而不是直截了当地向学生讲述语言知识和语法规则，在设计任务时要考虑以下三个方面的因素。

（一）是否要求学生在时间压力下完成任务

教师可以选择让学生在自己的时间内完成任务，也可以设置时间限制。这个选项很重要，因为它会影响学生所使用的语言的性质。如果教师想要强调任务表现的准确性，就要允许学生在自己的时间内完成任务；如果想要鼓励学生流利使用语言，则常常需要设定一个时间限制。一般来说，课上任务需要设定时间限制，因为课堂时间有限，如果不设置时间限制，学生就会拖沓，课堂进度就无法正常进行，课堂节奏会受到严重影响。对于准确度较高或耗时较长的任务，可以将之作为课后作业，不设定严格的时间限制，一周之内完成即可。例如，学生需要进行关于最有效环保措施的调查，根据调查结果给市长写一封关于如何开展环境保护的建议信。由于课堂时间有限，课上可要求学生完成调查的问卷设计和访谈。对于语言准确度要求较高的建议信，则可在课后完成，保证学生有充足的时间做准备，这样可以使语言的准确度得到加强。

（二）任务执行过程中是否给学生提供必要的支持

根据任务的难易程度，具体问题具体分析。对于一些难度较高的任务，学生在完成过程中略显力不从心，提问较多时教师可以统一提供适当支持。例如，为了帮助学生正确使用单词，在听力课上播放听力任务时，教师给学生提供一份听力材料中的关键词列表甚至一些基本句型，将其写在黑板上进行讲解，能为学生适当减轻听力难度，并为他们的展示发言提供可用的词汇和句子参考。

（三）对有困难的学生要给予必要的帮助

学生的基础和领悟程度以及他们的课堂参与度都是不同的。有一些学生非常积极而且有良好的基础，因此他们乐于参加活动并在活动中展现自己，获得成就感。也有一些学生基础较弱或对任务完成没有思路或对要求掌握不够清楚，如果教师不给予帮助，他们就会一片茫然，从而浪费课堂时间，一无所获。在课堂展示的过程中，他们也必将没有信心，课程的参与度以及学习兴趣都将大打折扣。

因此，教师必须在巡视的过程中给予这些同学充分的帮助和指导，使他们能够明确任务的目的以及任务的完成方法。此外，在与教师的沟通过程中，他们也可以学到一些完成任务的思路以及语言表达。

四、任务后阶段课程设计

任务后阶段是任务型教学法的收尾。这一阶段有三个主要的教学目标：①为重复执行任务提供机会；②鼓励学生对如何执行任务进行思考；③鼓励学生注意形式，特别是那些在学生完成任务时被证明是有问题的形式。

当学习者重复一项任务时，他们的语言产出会在很多方面得到提高，如语言复杂程度增加；命题表达得更清晰；语言表达得更流畅。因此，在此阶段，教师可以给学生提供重复的机会，学生可以对第一次完成任务的展示进行自我反思，得到修改意见；另外，在其他同学的展示中，他们会学习到更多原来不曾掌握的语言表达方式，有助于更好地完成任务。当然，在重复任务的时候要具体情况具体分析，可以适当调整要求，以免学生产生厌倦情绪。例如，把原来要求口头展示的报告改为书面作文。

一旦任务完成，可以要求学生转向关注语言形式，教师应该设法纠正在任务完成中学生的语法错误。因此，此阶段可能涉及以下两种语法活动。

（一）纠正学习者的错误

例如，在任务设计的最后一部分，教师一边听报告一边在黑板上记下一些表达式（包括错误的和正确的表达式）。通过记录在任务中使用的语言表达，学生会看到他们的一些错误，这时可以要求学生自己找出错误，进行修改并做出解释。

（二）专注语法活动

传统的形式练习也是吸引学习者注意有用的表达的好方法。传统的练习类型包括重复、替换、断句和对话。这些活动可以帮助学习者深入学习，体会词语的含义和运用以及相关的句型或语法现象。

这个阶段应鼓励学习者注意语言形式，特别是那些有问题的语言形式，这样可以帮助学习者巩固在任务阶段需要掌握的语言结构。同时，在这一阶段，教师可以总结学生的表现，尽量给予鼓励，积极发现学生的优点，提出正面表扬，激发他们的学习热情；也可以邀请学生反思和评估他们的工作表现。这样的方式，可以发展学生的元认知策略、自我规划、监测和评估体系。此外，让学生评估任务本身也会给教师提供必要的信息反馈。

五、任务设计中的难度控制

在具体的教学实践中，任务的设计既要保证学生语言使用的流畅性，又要注重语言的准确性，要把这两点做到恰到好处，绝非易事。任务难度高容易使学生产生挫败感，失去开展任务的信心。这时，教师可以选择小组集体讨论、协商的方式降低任务难度；或利用图表、图像等方式简化任务，弥补不足。同时，任务也不能过于简单，如果任务的难度低于学生的认知水平，学生很容易厌倦，不屑去做，那么就会对任务失去兴趣。这时，可以通过增加新的语言结构，指定学生使用固定的句型或词组来增加难度。在教学过程中，要时刻关注学生的表现和反应，及时调整任务的难易程度，使任务既具有一定挑战性又能让学生通过努力得以完成，以此启发学生思维，激发他们的学习积极性。

在输入材料方面，试比较下面两个任务的难度。

教学任务 A：Work in groups. Tell the story of Ernest Shackleton's exploration in Antarctic based on what you heard in the listening material. Draw the map of the Antarctica and show the route of his exploration.

请学生以小组为单位，根据听力材料的记录，讲述欧内斯特·沙克尔顿（Ernest Shackleton）在南极洲的探险之旅。画出南极地图并指出他的探险路线。

教学任务 B：Listen to a short story and summarize the main idea including when, where, who and what happened in the story.

听一段故事，以小组为单位讲述故事的大意，包括时间、地点、人物和事件。

在语言复杂程度上：任务 A 使用低频词汇、结构复杂的句子，如南极洲的探险之旅。任务 B 使用高频词汇，如时间、地点、人物和事件，任务易于理解。

在信息量上：任务 A 包含的元素和关系较为复杂，如讲述南极洲的探险之旅、绘制地图、指出路线。任务 B 包含的元素和关系极少，只要简述故事即可。

在信息熟悉程度上：任务 A 不熟悉，地点不熟悉，人物不熟悉，时间不熟悉。任务 B 讲了一则生活中的小故事，非常熟悉，因此难度较低。

在任务要求上：任务 A 包含了 3 个小任务，属于多重任务。任务 B 只有单一任务。

在完成的过程中：任务 A 涉及步骤较多；任务 B 涉及步骤较少。

教师应根据课程的需求和学生的水平设计教学任务的难度，使学生在学习的过程中既有挑战又有收获，激发他们的学习兴趣，提高他们的英语水平。

六、任务设计要注意的问题

任务型教学的开展是否能够达到预期效果，关键因素之一就是任务设计是否合理。任务设计合理能够激发学生的学习积极性，使其认真参与课堂活动，完成语言的使用，达到学习的目的。任务难度过高或任务过于简单都会成为学生完成任务过程中的阻碍。因此，在任务设计的过程中，除了要遵循之前提到的真实性原则、“脚手架”原则、合作性原则、趣味性原则、做事情原则和表达意义原则，注意难度控制外，还要注意以下几个方面的问题。

（一）繁简程度要适当

任务的设计必须根据学生特点进行规划，如果任务过于简单，学生会不屑一顾，不愿意动手。比如在环保的例子中，如果仅让学生列举我们在日常生活中可以见到的环保措施，他们会觉得缺乏挑战性，不需要小组合作，也没有什么商讨的必要。但如果任务过于复杂，不给予充分的支持，学生也会感觉束手无策。又如在环保的例子中，如果直接让学生根据当今社会现象给市长写一封提倡环保措施的建议信，那么学生可能会缺少认知的准备，也缺少语言上的支持，从而无从下手。

对于比较复杂的任务，教师可以通过一系列的铺垫和准备，使学生逐渐过渡到复杂任务的完成。比如，让学生设计一个关于手机使用的调查问卷，根据调查结果写一封建议信。教师可以将这个任务分解为六个小任务：任务一，教师通过图片让学生了解手机为我们的生活带来的改变，这是为了激活学生已有的知识，使他们能够在认知上做好完成任务的准备；任务二，列出单词和句型，为学生的进一步交流提供语言支持，使他们能够顺利完成沟通和调查；任务三，设计调查问卷；任务四，开展调查并获取信息，为后面的建议信提供具体内容和素材；任务五，统计数据、处理数据、分析以及整合数据；任务六，写一封建议信，这是实现任务的最终目标。在这个过程中，通过五个小任务来做铺垫，使学生能够顺利过渡到第六个任务的实现。这种做法也符合“脚手架”原则，即通过一层一层的帮助，使学生顺利完成最终目标，每一层任务的目的都非常明确。

教师要根据学生特点设计难度相当的任务。对高职学生而言，过于简单的任务无法激起他们的学习兴趣，在任务设计时应设计稍有挑战性的任务。为了帮助他们顺利完成任务，教师可以将一个任务分成不同的小任务，给予他们足够的支持。

（二）任务形式要灵活多变

任务型教学法主要的特点就是让学生动手去做，但是试想一下，如果学生每节课都动手操作，同样的活动完成类似的任务，那么他们的课堂参与度和积极性就会大打折扣。因此，变换活动形式是增加课堂活动的一个重要途径。有一些简单的任务可以由一人完成，稍微复杂的任务可以两人一组完成，内容复杂、难度较高的任务可以让学生以小组为单位完成。这几种人员分配方式要交替进行。如果每次都是以小组为单位，其中有一些同学的积极性就会大大削弱，在课堂中显得比较懒散，影响整个课堂气氛。

此外，活动的形式和任务设计的结果也要丰富多彩，要积极融入英语的听、说、读、写、译各项技能，通过辩论、绘画、抢答、制表、PPT 展示等多种方式呈现出来，使学生在完成任务的过程中有自我发挥的空间。

（三）活动要表达真实意义

传统的英语教学是为了复习巩固而操练英语语言，而任务型教学课堂主要就是通过活动来进行语言的运用，以表达意义为主，练习学生的听、说、读、写、译各方面技能。学生在交换信息、沟通观点、解决问题、小组展现的过程中所传达的信息应该是他人所不知道的，而不是传统练习中大家都知道对方要说什么话，下一句该怎样回答。这就违背了真实性原则。任务型教学就是让学生模仿真实生活中的各项任务，通过完成任务实现沟通和交流的目的，在此过程中锻炼他们使用目的语的能力，从而达到语言学习的效果。

此外，任务要有明确的目标，教师与学生都要知道任务的具体目标及完成任务学生需要具体做什么，完成任务后的结果是什么。因此，在任务设计的过程中，教师要确保每个任务环节都为整体任务服务。

第二节　任务型教学法的应用实践

一、高职英语听力课程中的任务设计特点及实践

应用语言学家普遍认为，听力是一种主动而非被动的技能。听与做的任务对英语水平较低的学生来说是一个非常有用的工具，因此，任务型教学法将听与做的任务引入课堂。在设计输入材料时，使其包含学习者还不知道的语言形式，有助于学生在听的过程中习得语言形式。克拉申的输入假设认为，习得是学习者在接受可理解输入时将新的语言形式及其意义内化的潜意识过程。因此，如果学习者能够接触到某种语言形式的可理解输入，他们自然会熟悉这些形式并最终掌握这些形式。①

埃利斯认为在设计听和做的任务时，可以通过在输入材料中加入目标语言的形式来促进目标语言的习得。在听力教学过程中，教师关注学生听力材料中的语言特点，在设计任务时突出学习的语言目标，通过听力练习，学生在理解的同时学会此类的语言表达。比如下面的对话。

A: Tom, I refuse to believe what you said about the work.

B: But why?

A: That doesn't make sense. I can't buy that!

B: Believe it or not. I am not going to explain.

A: OK.I will go to Mr. Li to ask for the details.

B: Up to you.

在这段对话中学生可以通过听力材料的输入，理解双方的态度和意见。学生学会“That doesn't make sense”（根本讲不通）、“Believe it or not”（信不信由你）、“Up to you”（随你便）这些基本的语言表达。因此，可以把这些句子设计成相应的任务，使学生在听力的输入过程中学习语言。

听和做的任务包含下面几个因素：①目标。任务的一般目的，比如，练习简明扼要地描述目标的能力。②输入。与任务相关的语言或非语言信息，比如，图

① 刘文凤．任务型教学在高职英语阅读教学中的应用 [D]. 郑州：河南大学，2015.

片或地图。③条件。表示、表达信息的方式，比如，独享信息或共享信息。④程序。在执行任务时应遵循的方法程序，比如，两人完成或小组完成。⑤预测结果。输出即任务的结果，比如，在地图上画的路线。结果可以是开放的，即允许多种可能性；也可以是封闭的，即只考虑一个正确的解决方案。

下面介绍四个听力任务教学实例。

（一）听力教学任务实例 1

根据听和做任务的原则，以“Journey to Antarctica”为例，课堂任务设计如下。

Task: Work in groups. Tell the story of Ernest Shackleton's exploration in Antarctic based on what you heard in the listening material. Draw the map of the Antarctica and show the route of his exploration.

请学生以小组为单位，根据听力材料的记录，讲述欧内斯特·沙克尔顿在南极洲的探险之旅。画出南极地图并指出他的探险路线。

教学目标：①提高学生获得正确数字的能力。②学会英语日期的正确表达。③在较长的描述中把握故事发展走向，获取时间、地点和事件的正确信息。④学会描述具体事件和日期。

1. 任务前阶段

播放《南极洲》电影片段，帮助学生唤起关于南极的背景知识，为理解听力材料内容做铺垫。

口语热身训练。

词汇积累：通过两组词汇训练帮助学生理解学习听力材料中出现的生词。

语法复习：帮助学生复习英语时间、日期的表达方式，注意年、月、日的顺序。

明确任务要求：在听力播放的过程中记录每一个事件以及发生该事件的日期，把这些日期综合在一起，按照时间顺序讲述故事；通过网络查询南极地图并绘制；在讲述的过程中结合地图指出人物的探险路线。

小组分工：任务是由小组共同完成的，讨论如何在小组内进行具体分工。比如，大家共同记录日期和事件，一名同学负责汇总；一名同学负责南极地图的查询及绘制；一名同学负责在地图上绘制探险路线；一名同学负责小组展示。

制订战略计划：①在听力过程中共同记录事件的日期；②查询南极地图；

③绘制地图，指出探险路线；④由口述者讲述整个故事，其他同学认真听并提出意见。

要求大家在听材料的同时记笔记，讲解做笔记的技巧。

口语热身训练。

在任务前阶段，教师先给学生播放《南极洲》的电影片段，以激发学生的兴趣。当学生惊叹于南极洲的美景时，教师问一些相关的问题。

Teacher: Have you ever imagined going to Antarctica? What do you know about it?

Student A: Very cold.

Student B: Nobody lives there.

Teacher: Yes, it is freezing there. Then if you go there, what preparation will you make beforehand? And how will you keep warm?

教师：你想过去南极洲吗？你对它了解多少？

学生 A：很冷。

学生 B：那里没有人居住。

教师：是的，那里非常寒冷。如果去那里，你会事先做什么准备？如何保暖？

介绍一位名叫欧内斯特·沙克尔的冒险家，他是第一个穿越南极洲的人。作为背景信息，向学生展示他的照片。

In 1914, explorer Ernest Shackleton began a journey to Antarctica. His ship is called the Endurance. We can see now that the name of his ship was a good description of his journey. Endurance means the ability to stay strong for a long time, even when you are in pain or have problems.

为了使学生顺利完成任务，在总任务前采用任务链的方式降低任务的难度，由三个小任务作为后续任务的准备和铺垫，即词汇训练 1→词汇训练 2→复习时间、日期的表达。

词汇积累。

词汇训练 1：The boldfaced words below are from a lecture about Shackleton's journey to Antarctica. Read each sentence. Guess the meaning of the boldfaced words.

给出听力材料中生词的解释，以帮助理解讲座的难点。

As we approached the city, I started to see the lights from the houses and buildings.

There aren't any beaches in this area. You need to go somewhere else to go swimming.

Despite the bad weather, we enjoyed our trip. I had a really good time anyway.

My goal is to travel to Europe. I've always wanted to see it.

I'm going to proceed with my plans even if I have problems. I'm not going to quit.

My car got stuck in the mud, so I couldn't go anywhere.

The firefighter rescued the man from the burning house.

After a long day of hiking, we decided to set up camp for the night.

The boy put his toy boat on the lake and watched as it floated on the water.

We ran out of supplies on our camping trip. We didn't have any more food or water, so we had to go home early.

词汇训练 2：Match each word with the correct definition. 通过词语匹配练习巩固生词（见表 5–1）。

表 5–1　词语匹配

1.approach	a. things that you need for daily life
2.area	b. a place with tents where people stay for a short time
3.despite	c. a particular part of a place
4.goal	d. although something is true
5.proceed	e. staying firmly in one place and difficult to move
6.stuck	f. to stay on the surface of the liquid
7.rescue	g. to move closer to someone or something
8.camp	h. to continue to do something that has already been started
9.float	i. to save someone from danger
10.supplies	j. something you want to do in the future

复习时间、日期的表达。

英语中，年、月、日的表达顺序与汉语不同，一般是按照月、日、年的顺序，比如，1985 年 12 月 7 日，英文表达是 “December 7th, 1985”；另一种英文的表达顺序是日、月、年，比如，1985 年 12 月 7 日还可以写成 “7th December, 1985”。

接下来要求学生练习用英语表达一组年份日期，例如，1914 年 7 月 16 日对应的英文是 “July 16th, 1914”。可以通过三组日期练习，帮助学生牢固记住英文日期的表达方式。

2. 任务中阶段

再次明确任务要求：记录每一个事件以及发生该事件的日期，按照时间顺序讲述故事。绘制南极地图，在讲述的过程中结合地图指出 Ernest Shackleton 的探险路线。

听力材料播放三次，并在每个特定的日期处暂停，请学生记录，从材料中提取日期。

比如，Ernest Shackleton and his crew left London and began their journey to Antarctica on 1st June, 1914.

在 1914 年 6 月 1 日，Ernest Shackleton 和他的船员离开伦敦开始他们的南极之旅。

听力笔记技巧：Note main ideas and details, Note subtopics, Note descriptions, Note dates and events.

教师在黑板上记下有用的短语，以便学生学习。学生可以在小组内交换信息。

监督学生的任务参与状态，及时提供帮助。

在这个阶段，几乎所有的学生都参与准备报告。为了降低任务的难度，教师通过提问的方式帮助学生把关于本次冒险的所有日期写在黑板上，以便学生修正自己的记录。

3. 任务后阶段

对报告结果进行客观评价。语法知识补充。重申听力技巧，重点强调做笔记的技巧。课后作业。

在任务后阶段，当所有正确的日期都被识别出来时，教师把所有的日期和事件串联起来讲述这次冒险。这是为了帮助学生清楚他们所要达到的水平。学生有 10 分钟时间准备报告。

对报告结果进行客观评价。

在报告的过程中，教师要记录每一组学生的表现，对于他们的优缺点要做到心中有数。教师进行评价时要尽量以鼓励为主，比如，报告中两组表现很好，成功克服了怯场问题，语言流畅自然，故事讲述完整，日期正确。其他四名学生在一定程度上有些紧张，但仍能完成任务。

教师应随时记下报告中正确的表达和语法错误，当所有的报告都完成后，教师要给学生做一个语法总结，突出任务中使用的优秀表达方式。同时，教师在黑板上记录典型的语法错误，请学生修改。通过这种方式，语法规则的讲授自然地融入任务。

一位同学出现的错误如下。

What Ernest Shackleton needs are the information and knowledge about the weather in Antarctica.

这句话主要体现了语法中主谓不一致问题。因此，教师此时应及时介绍关于主语和谓语动词的一致性的规则。

语法知识补充。

非谓语动词形式做主语时，谓语动词要使用第三人称单数形式。例如，Giving them up isn't a good idea as they are useful to have around.

定语从句中的谓语动词要和关系代词所指代的先行词的单复数保持一致。例如，In China, Li Shuang and her future husband are one of thousands of couples that have chosen May 18th for their wedding day.

在倒装句式中，前置的谓语动词应与后面的主语保持一致。例如，① While it is important to read things with an open mind, here are some of the article's findings。② Here is a brief history of Christmas and some of the traditions connected with it.

由 what 引导的名词性从句做主语时，谓语动词的单复数形式取决于谓语动词后表语的形式或从句的内容。例如，① What the nonverbal gestures put across very often, and very efficiently, is the emotional side of the message. ② What we need are well–trained teachers.

讲解完语法，请学生完成下面练习，巩固所学语法知识，夯实语法基础。

Complete each sentence below. Underline the correct word in subject verb agreement in brackets.

Model: What he'd like (is, are) a watch.

Sometimes what appear to be problems (is, are) easily solved.

Joan is one of those people who (go, goes) out of their way to be helpful.

He is the only one of those boys who (is, are) willing to help others.

Attending on – campus concerts (is, are) part of the pleasure of college life.

To translate this into English (need, needs) hard work.

Living on that island for three months (was, were) an unforgettable experience for me.

Parking along the road (was, were) six heavy trucks.

重申听力技巧，重点强调做笔记的技巧。

Did you use any of them when you took notes?

Which was most helpful?

How can you improve your notes the next time you listen to a lecture?

听力笔记技巧：Note main ideas and details, Note subtopics, Note descriptions, Note dates and events, Rewrite or revise your notes to make them clear. If you need to, listen to the lecture again.

课后作业。

在听力材料中，探险者们在象岛等待救援，但他们必须决定谁要外出寻求帮助，谁要留下来。学生在课堂上完成任务后，请他们讨论自己是否愿意成为外出寻求救援的冒险家并让他们给出充分的理由。

（二）听力教学任务实例 2

下面以商务出差为例进行任务型教学设计。

Task: Listen to five announcements in the airport and complete the chart. Work with your partner and tell him/her what you would say in each of these situations.

教学目标：了解商务出差的内容。正确理解航班信息，听懂机场航班广播。理解机场基本服务的问询，如更换座位、询问航班延误信息等。把握文章大意和重要细节。

口语热身训练。

先请学生看图回答教师问题，然后教师进行总结，给出参考答案，使学生学会相应的英语表达：

What is each person doing in the picture? What will probably happen next? Have you ever been in any of these situations?

An airport official is checking the passport and luggage of the male passenger. If there is nothing wrong, the passenger will pass through the security check and check in.

A group of people are holding a banner to welcome their guest at the airport. After their guest's arrival, they may hug or kiss him/her.

1. 任务前阶段

关于商务旅行的背景信息输入。

A business trip or official trip is a travel or journey caused by business necessities. Business trips have to be approved by the employer, who usually meets the costs. The traveling expenses can be calculated in detail or by a lump sum, depending on the average expense of the travel country. This part focuses on the daily business air travel.

2. 任务中阶段

听三遍机场的五条公告。

3. 任务后阶段

请学生以小组为单位展示他们的回答。提供听力答案。请学生模拟对话中出现的机场服务场景。

What would you say in each of these situations?

Your flight to Rome is postponed. You go to the reception desk to find out the reason.

"Excuse me. Can you tell me why there's a delay on the flight to Rome?"

You've heard your flight to Boston is delayed. You go to the reception desk to ask for the reason.

"Excuse me. Can you tell me why there's a delay on the flight to Boston?"

You don't understand how to get a ticket from an automatic machine. Ask a passer-by for help.

"Excuse me. Could you show me how to get a ticket from this machine?"

You booked flight OT-67 on July 12th, but now you want to change this to OT-68 on July 19th.

"I'd like to change my reservation on flight OT-67 on July 12th to OT-68 on July 19th."

You arrived at the airport late. You missed your flight. Ask for the next flight to Los Angeles.

"Excuse me. I missed my flight. Could you tell me when the next flight to Los Angeles is?"

（三）听力教学任务实例3

Task: Listen to a short story and summarize the main idea including when, where, who and what happened in the story.

听一段故事，以小组为单位讲述故事的大意，包括时间、地点、人物和事件。

1. 任务前阶段

（1）讲解 summary 的概念。

One way of checking to see whether you have understood a passage is to summarize the main idea and the important details in your own words. The main idea tells what a passage is mostly about. It is the most important idea in a paragraph, a passage or an article.

A summary is a short statement that tells the main points or important ideas of a passage. To summarize, you state the main idea and the most important details as briefly as you can. Make sure what the main idea is and recall all the details. A summary includes only the most important details and the main idea.

（2）通过一则短对话请大家概括大意。

Listen to a short passage and choose the one that best summarizes the main idea of the passage.

A. There are several things you can do to take care of your muscles. You can warm up and stretch before exercising. You can also build up your muscles gradually. If you do hurt a muscle, you should wait until it gets better before using it.

B. There are several things you can do to take care of your muscles. You can warm up and stretch before exercising.

C. There are several things you can do to take care of your muscles. You can warm up and stretch before exercising. You can also build up your muscles gradually, especially if you are playing a sport that you have never played or haven't played in a long time. If you do hurt a muscle, you should wait until it's better before using it.

D. Your body has more than 600 muscles. They enable you to walk, run, jump, lift, sit, stand, and carry out any one of dozens of activities. You need to keep all your muscles in good shape.

2. 任务中阶段

听一段内容。

Thomas Edison was one of the world's greatest inventors. He was born in Ohio in 1847. He had very little schooling but loved to read things. As he was growing up, he sold magazines and candy on trains. At fifteen, he worked in a telegraph office. During that time, he began to develop and sell a number of inventions. He used the money he made to open up a manufacturing shop and laboratory. Later he moved the laboratory to Menlo Park, New Jersey. He and his laboratory invented many devices including the phonograph, film for the movie industry, and the alkaline battery. By the time he died in 1931, he had created over 1000 inventions.

3. 任务后阶段

请学生以小组为单位进行故事提炼，关注以下几点。

When?（故事发生的时间）

（Last month.）

Where?（故事发生的地点）

（At the airport.）

What happened?（具体事件）

（After finalizing a contract, the author took flight back home. Unfortunately, he didn't realize he had taken the wrong suitcase until he got on the plane.）

（四）听力教学任务实例 4

Task: Miss Wang just graduated from college, and it is her first business travel. Can you give some advice for her?

王小姐刚刚毕业参加工作，这是她第一次出差，请给她提供一些关于出差的建议。

1. 任务前阶段

头脑风暴，鼓励学生打开思路。把与材料有关的建议记录在黑板上。

2. 任务中阶段

听实用出行建议，并完成表格填写。督促学生专注于听力材料。完成表格填写。

3. 任务后阶段

请学生以小组为单位展示他们提出的建议。提供正确答案。请学生进行延伸讨论：除了以上建议外，还有什么是出差前必要的准备？

二、高职英语口语课程中的任务设计特点及实践

英语口语是高职学生英语学习的重要一环。高职英语的口语教学往往融合了其他相关学科的专业教学，如商务谈判、市场营销、国际贸易等，具有学科的复合性，在教学过程中更注重培养学生的综合能力。因此，高职英语口语课程的教学目标首先是培养学生从事涉外活动的能力及处理业务的实用英语水平。在教学过程中应当重视培养学生的语言交际能力和语言运用能力，既要传授必要的知识，也要引导学生遵循“实用为主，够用为度”的原则。

目前，高职英语口语课程教学主要面临以下三个问题。

第一，学生的基础差，没有口语表达习惯。大部分高职学生因为过去的英语学习主要集中在读和写两个方面，没有形成口语学习和口语练习的习惯。学生即使会写一个句子，能够读懂一篇文章，但是他们并不知道如何用英语直接进行口头表达。因为学生长期以来处于这种“哑巴英语”的学习模式中，所以要提高他们的英语口语水平，使之能够说一口流畅的英语，开展专项口语训练是非常必要而紧迫的。

第二，口语课程往往流于形式，真正给学生练口语的时间不足。在课堂教学的过程中，学生不愿意表达，喜欢保持沉默，很少发言。口语课的教学安排常常是听一段口语对话，教师提问其中的关键信息，学生寻找答案，根据不同的口语场景，让学生记住相应的口语表达、常用例句，做相应的例句翻译等。学生的口语练习时间往往被这些书面化的学习内容占用，而这对于学生口语水平的提高效果非常有限。

第三，学生缺少课后练习。因为学生没有口语练习的习惯，在口语课程上教师也没有激发学生口语学习的热情，所以在课后时间学生很少自己练习口语。而英语口语的训练，必须以开口说英语作为基础。没有大量的口语练习和时间积累，是无法形成良好的语流语速和连贯表达的。因此，教师需要特别重视学生在课下的英语口语练习。

在高等职业教育的英语口语课堂开展任务型教学，目的主要是激发学生对于

英语口语的兴趣，促进他们自主学习，从而更加有效地利用课余时间，使学生形成良好的口语学习习惯，这对于提高学生的口语表达能力将起到至关重要的作用。下面就以英语口语课程中的见面介绍为例进行任务型教学设计。

（一）教学任务 1

Task: Suppose that you come to college and meet your roommates on the first day. Say hello to him or her and introduce yourself in a brief way.

Requirement: Work in groups. Each student will take turns to act as a freshman who comes to the dorm on the first day. Say something to your roommates. You will have 20 minutes to prepare and choose one reporter to present in the front of the class.

要求：学生以小组为单位进行内容演练，每个同学轮流演示新生入学第一天到达宿舍，见到其他的室友，打招呼并作简单自我介绍。

教学目标：了解初次会面的礼仪。掌握见面和自我介绍的英语常用句型。独立完成初次见面对话。能进行简单自我介绍。

1. 任务前阶段

教师通过电影《大学新生》的一段视频引入话题。陈述任务，明确要求。讲解见面介绍中的常用表达。提供类似的对话样例。

Sample 1.

A: Hello, I am Shirley, and I am nineteen years old. May I have your name?

B: Nice to meet you, Shirley. My name is Tony.

A: Nice to meet you, Tony. Where do you come from?

B: I come from Qingdao City, Shandong Province. Qingdao is a nice place to live. How about you?

A: My hometown is in Liaoning Province, and I was born in Shenyang City. My parents are lawyers. I am the only child in my family.

Sample 2.

A: Hello, glad to meet you. My name is Shirley, and you?

B: Nice to meet you, Shirley. My name is Sera.

A: It is a beautiful name. How old are you, Sera?

B: I am twenty years old. How about you?

A: Oh, really? We share the same age.

Sample 3.

A: Hello, I am Tina. May I have your name?

B: Nice to meet you, Tina. My name is Vicky.

A: Nice to meet you, Vicky. Is this the first time you have come to China?

B: No. It is the second time. I first came to China in 2012, six years ago. There are big changes in Beijing.

A: You bet. I will show you around in the next few days.

2. 任务中阶段

督促学生参与课堂口语练习。

为学生提供必要的帮助，比如词汇、表达或语法。

给学生提供适当建议，教会学生有话可说。

大部分学生总是感觉不知道该说什么，也不知道如何用英语表达，因此不愿意参与任务。教师要积极帮助他们解决困难，对怕开口的同学，要为其提供相应的表达方式，鼓励他们多多参与。只要学生处于任务的状态，就说明他们在认真学习，他们慢慢地就能在教师的指导下构建起英语口语对话认知。其实口语对话的内容对学生来讲并不难，难点在于他们新的学习习惯、口语表达思维的形成。经过一段时间参与课堂活动，学生会逐渐适应任务型口语教学的教学体系，找到口语训练的基本途径，建立口语表达的信心，这对于他们提高英语口语大有裨益。

3. 任务后阶段

对于学生的小组展示，教师应及时给予评价，对口语表达较为连贯、所述内容适当的小组，教师要提出表扬。就发言的示例，可以进行口头复述，供其他同学参考，如下面两组对话。

Conversation 1.

A: Hello, everyone. I am Wang Tao from Guangdong Province.

B: Nice to meet you, Wang Tao. My name is Zhang Fan. Welcome to our home.

A: Great to meet you, Zhang Fan. Where are you from?

B: I come from Hebei Province. I like dancing, how about you? Do you have any hobbies?

A: I like sports. It makes me energetic. When I have time, I like going swimming.

Would you like to go with me?

B: Of course. It is a deal.

Conversation 2.

A: Hi, we are having great weather today, aren't we?

B: Yeah, sure. By the way, what is your name?

A: My name is Zhang Di.

B: Great to meet you, Zhang Di. I am Wang Yangyang. Which department are you in?

A: I am in English Department and my major is Business English. How about you?

B: I major in Software Engineering in the Information Technology Department.

以上两组对话的学生能够顺利开展对话，会话内容亲切自然，语言得体，语言流畅，用法得体，两组学生口语能力较强，会话内容可以供大家参考学习。

英语口语课程对学生的一般要求就是能在学习过程中用英语交流，并能就某一主题进行讨论；能就日常话题和来自讲英语国家的人士进行交谈；能在做准备后就所熟悉的话题进行简短发言，表达比较清楚，语音、语调基本正确；能在交谈中使用基本的会话策略，基础较好的学生能够和来自英语国家的人士进行比较流利的会话。由此可见，口语能力主要体现在如下三个方面：①能否开展会话；②语言是否准确得体；③表达是否清楚流利。

在明确了口语评价的内容后还必须拟定一个客观的评价标准。目前，全国大学英语口语测试将学生的口语能力分为 A、B、C、D 四个等级。

A：能用英语就熟悉的题材进行口头交际，基本上没有困难。

B：能用英语就熟悉的题材进行口头交际，虽有些困难，但不影响交际。

C：能用英语就熟悉的题材进行简单的口头交际。

D：尚不具备英语口头交际能力。

以上四个等级的评价标准显得过于笼统而不够客观，口语评价的标准应该涵盖口语评价四个方面的所有内容，因此，教师可以根据学生的具体情况制定符合课程需求的口语评价标准。

（二）教学任务 2

下面以英语口语课程中的实习面试为例，进行任务型教学的设计。

Task: You are going to graduate this July, and it is the time for you to find an internship chance in a company. You are interviewed by the Human Resources manager.

Requirement: Work in pairs. One student will take turns to act as the one who comes to the interview. The other student will be the interviewer. You will have 20 minutes to prepare and then present in the front of the class.

要求：本课程的教学内容是教会学生如何应对面试。学生以两人一组为单位进行内容演练，每位学生轮流演示毕业生和企业雇主。

教学目标：了解基本面试的技巧；掌握面试中常用的英语句型独立完成面试对话；能进行面试中的自我介绍。

1. 任务前阶段

教师通过毕业面试教学视频引入话题。陈述任务，明确要求。面试中的常见问题与回答如下。

Questions Used in Applying for a Job.

May I have your name?

Do you have a resume with you? Let me see your references.

What are your strengths and weaknesses?

Do you have a good command of English?

What sort of job would you like to take?

What kind of job have you had?

Have you got any work experience?

Can you sell yourself in two minutes?

Give me a summary of your current job.

Can you give me a description of your current job?

Why did you leave your last job?

What contribution did you make to your current(previous) organization?

What is/are your strongest trait(s)?

What experience do you have for this kind of job?

Answers in Interview.

Here is a copy of my resume. Please have a look. I have fifteen–year experience in education field.

I am looking for a job that better matches my abilities and allows me to keep pushing my limits.

I graduated from Harvard University with honors.

I've worked in this profession for the past few years and I'm well-known in the industry.

With my strong academic background, I am capable and competent.

With my teaching experience, I am confident that I can relate to students very well.

I have finished three new projects, and I am sure I can apply my experience to this position.

I feel I can make some positive contributions to your company in the future.

My graduate school training combined with my internship should qualify me for this particular job. I am sure I will be successful.

They say Susan is an honest, hardworking, and responsible woman who deeply cares for her family and friends.

They say Johnny is a friendly, sensitive, caring and determined person.

I admire a person who is honest, flexible and easy-going.

I'm a helpful and caring person.

They say I am a girl of cheerfulness and friendliness.

提供面试对话样例。

Conversation 1.

A: Nice to see you, Miss Brown. Just let me see your resume.

B: Nice to see you, Sir. Here it is. Thank you so much for giving me this opportunity for the interview.

A: To start with, would you like to give me a brief introduction of your current job?

B: Yes, I have been working as a sales manager for 2 years. To be specific, I am in charge of product selling in the Northeast.

Conversation 2.

A: What subjects are you studying? Have you got any diplomas or degrees?

B: I major in Business English in Beijing Management College of Politics and Law, and I will graduate next year.

A: Do you mind working on weekends?

B: No. I have been making full use of my free time during my college life.

A: That's good. You are such a delighted student.

Conversation 3.

A: Could you tell us what made you apply for this job?

B: I like it very much. The work time is flexible. And l was hoping to work in a foreign company.

A: Do you have any overseas working experience?

B: Yes. I have been dealing with European clients in the past 10 years and I am very experienced in doing this.

Conversation 4.

A: Since our company is a joint venture. Do you have a good command of English?

B: Sure, I major in English. I like English and l have been studying it for 4 years. I can communicate with foreigners in a very natural way.

A: OK. What experience do you have for this kind of job?

B: I worked as a part time translator in a company for the past 2 years.

A: Do you like that job?

B: Yes. I learned a lot from my colleagues and got to know how to work with other people.

2. 任务中段

鼓励学生参与课堂面试模拟练习。为学生提供必要的帮助，如词汇、表达或语法。给学生提供适当建议，教会学生有话可说。

3. 任务后阶段

在小组展示过程中，教师应及时发现学生的优点，给予肯定，对口语表达较为连贯、所述内容适当的小组，教师要提出表扬。就优秀的发言，可以进行口头复述，供其他同学参考，如下面一组对话。

A: Is this the first job you apply for after graduation?

B: Yes. It is the first job. So, I cherish this chance very much. I hope that I can learn something and improve myself.

A: What specific goals have you established for your life?

B: I want to work for an excellent company like yours. And I hope I can do some jobs related to managing information. I would like to contribute my technical skills.

A: How has your college experience prepared you for this job?

B: I knew that I wanted to pursue information systems technology when I was a sophomore. It was then that I realized that studying computers was taking up most of my time. My favorite courses were IT courses.

在这组对话中，学生的语言流畅、语法使用标准、语音语调正确。在面试中，该学生显示出较强的口语功底，同时提供了具体的具有描述性质的例句。

例如，“I knew that I wanted to pursue information systems technology when I was a sophomore.”这句话，使整个对话显得真实、动人，可以作为范例供学生学习。在分析优秀的对话之后，还可以给学生较短的时间重复练习，使学生有机会补充遗漏的信息，在自己的表达中添加在小组展示中学到的更恰当的表达方式，培养学生积极反思的良好学习习惯。

口语任务覆盖生活的各个方面，下面提供几则口语任务案例。

Task 1: Work in pairs. Student A wants to know something about a basketball match. Ask Student B to give you some information about it. Student B knows something about the basketball match. Answer the questions of Student A.

Card A：请用英语提问以了解下列信息。

篮球比赛的时间；篮球比赛的地点、参赛球队；谁可以去观看、票价。

根据本卡片可以提出一系列可以接受的问题，例如，When will the basketball match be held? Where will the basketball match be held? Who will take part in the match? Who can go to watch the match? How much is a ticket?

Card B：请根据下列信息回答问题。

欢迎观看免费入场；篮球比赛；北京队 VS 上海队。地点：市体育中心。时间：6 月 30 日 13:30。

借助本卡片上的信息可以回答考生 A 提出的问题，如下。

At half past one p. m. on June 30.

In the City Sports Centre.

The team of Beijing will play against the team of Shanghai. Anyone can go and watch it.

No ticket is needed. It is free.

教师结合前面的内容向每组学生提出 2 个或 3 个问题。

Do you like watching basketball matches? Which sport is your favorite?

With whom do you often go to a basketball match? Why?

Do you play basketball yourself? When do you usually play?

Have you been to or watched a basketball match recently? Can you tell me something about it?

Task 2: There are many bad habits to drop for all of us. Among the 52 things, which is the urgent thing you would like to drop? Discuss with your teammates and give your reasons.

Task 3: There are some differences in the following pictures. Find them out and share with your teammates.

Task 4: You take a business trip to New York. Now you are on W Broad–way. Ask for the route to your destination, Business Center on White St. Use the map given below.

Example.

A: Excuse me.

B: Yes.

A: I am a newcomer here. I'm going to the Business Center on White St. Can you show me the way?

B: Okay. No problem. Now, you are here on W Broadway. Walk along this way till the end of the road, and turn right at Erickson Pl. After two or three minutes, you'll see the Art Institute of New York City. Then turn left on Beach St. It's a V–crossing.

A: It seems a little bit complicated. Well, let me repeat. Walk along this road and turn right at Erickson Pl. Walk until I see a V–crossing and then turn left on Beach St.

B: That's right. When you are on Beach St. Keep going. Turn right at the first traffic lights and you will be on W Broadway again. Actually, it's the other side of this road.

A: Okay, I got it.

B: Walk straight until you see the Bubble Lounge. Then turn left and you'll be on White St. The Business Center is on the left side of the street beside the J Crew Men's. You can't miss it.

A: Thank you very much. You've been most helpful.

三、高职英语阅读课程中的任务设计特点及实践

以一篇文章为例，进行任务型教学的课堂示范设计。

30 Days Without Internet—A Self–Experiment

For many of us who use the Internet to connect with our friends, buy things online and gather important information for our jobs and studies, it might be quite a challenge to live without the Internet just for a week. That's the reason I hit on the idea to start this self – experiment: to plug off the Inter–net for one month. I wanted to know how being completely offline would affect my life.

On the morning of the first day, I got up, ate my breakfast, glanced through the headlines of the newspaper and read the sports section. I was dis–connected, cut – off and separated. And this wouldn't change for the next 30 days.

Internet withdrawal doesn't feel good; it's uncomfortable and unpleasant. There is this uneasy feeling that you are missing something very important, which is quite a struggle, especially in the first week.

In fact, you are going to miss major news and updates that are interesting to you. I became the last who got to know about current developments in the world; mostly my friends would inform me and anything else could be found in the newspaper the next morning.

From day one I realized that being offline is much better to deal with when you are distracted, especially while being at home. Distracting myself by the use of a TV was not an option for me, as that would be like replacing one vice with another. I did, however, discover some old, yet amazing, books I read with interest. Remaining distracted at home can be a challenge at times. I realized that the longer I was away from home, the easier it was to accomplish my challenge of being disconnected for 30 days. One of my strategies to deal with being offline would be to work longer, step into the library more often or call one of my friends to do something together.

After a while, you get used to the state of being disconnected. Even more so, you fully begin to accept it, as the advantages of being offline present themselves right in front of your eyes. Surely, the need to reconnect will come up every now and then, especially when you urgently need certain information. But the online–activities like checking your E – mails begin to look less and less important to you, once you accepted the fact of not being able to connect to the Internet.

Instead of surfing the Internet for entertainment, I would sit down to meditate. I would open an interesting book or have a good conversation. I would hold my camera, discover new places and take amazing shots of architecture on the streets I've never had the time to admire. Also, I would just sit around and reflect deeply on my life. I became absorbed in my own thoughts, and not in those of another person.

Living disconnected from the Internet in a society where everyone is online can be a rough ride, but it is possible. Moreover, it can be a very valuable experience. You will notice that you spend more time with yourself, instead of thinking about the actions of others. Being offline gives you the opportunity to get to know yourself much better and to meet friends you haven't seen for a while in real life. And it will help you to be more focused on the important things in life, to be more determined about your real goals and all the projects you have successfully delayed for the last months.

课前导入部分：教师先陈述网络对现代生活的影响，然后请同学以小组为单位找出问题的答案。

The Internet has become an indispensable part of our everyday life, and we spend more and more time online with every year to come.

Here are some familiar websites or software logos marked from A to X. Today, people use them so often that they can't seem to live without them. Discuss in pairs or in small groups and answer the following questions by choosing the capital letters beside those logos.

If you want to keep track of what's happening at home and abroad, which websites can you visit?

If you want to do some shopping online, which websites can you visit? Which websites can serve your purpose if you want to find information about a well–known person, a particular country, etc?

学生会很积极地回答上面三个问题，这时可以请 3 名同学清楚地分别作答。

同时，请大家思考：如果没有网络生活会怎样？

However, have you ever imagined what our lives would be like if we abandoned the Internet for a month? Read the following passage and it might inspire you to drop the Internet for a while and help you discover what life used to be like when everyone was offline. You might realize that there are many wonderful and productive things to do when you plug off the Internet. Text A is an illustrative passage, in which the author uses his self–experiment to illustrate that living disconnected from the Internet in a society where everyone is online is not only possible, but also a valuable experience.

提出本课程的任务：本课程由两个任务组合形成任务链。后一个任务是请同学进行关于网络影响的小组内部调查，请一名同学作为代表做两分钟的结果陈述。这个任务难度相对较大，因此在完成这个任务之前可以设计一个铺垫性的任务，为后一个任务的完成做准备和辅助，起到“脚手架”的支撑作用。

（一）第一个任务的设计

Task 1.

Read the passage and discuss the pros and cons of the internet with your teammates.

Write at least 3 advantages and 3 disadvantages on the paper.

Choose a reporter to present your result.

1. 任务前阶段

在任务型教学法下，教师在课堂上从原来的主导地位转换成任务的设计者和导演，起到监督和辅助的作用，但这并不意味着教师在课堂上只需要揭示任务和提供帮助。对高职学生来说，阅读英语课文仍然具有一定的难度。就单纯朗读来说，很多同学不能流畅地完成课文朗读，如生词不认识，很多单词的发音不准确等。因此，在任务前阶段，教师仍然有必要帮助学生做好任务的准备工作，如教师应进行生词的领读，从而完成阅读中单词发音训练和重点单词的用法示例与讲解。

2. 任务中阶段

该阶段教师主要进行监督和帮助，教师应注意将课堂的主体地位还给学生，让学生充分发挥积极性。教师不需要逐句进行课文的句子翻译或句型结构讲解，因为学生的水平参差不齐，有些同学可以通过阅读自己理解文章内容以及句型，但有些同学遇到复杂句型时可能找不到句子的基本构架，在理解上容易陷入误区。

这时，教师应鼓励学生积极提问，遇到不理解的句子及时向教师寻求帮助。对于学生的提问，教师要耐心予以解答，并肯定学生认真学习和主动思考的精神，帮助学生逐渐养成乐于提问、善于提问的习惯。此外，遇到课文中学生提问较多的句子，教师可以进行集中讲解。

3. 任务后阶段

任务后阶段主要是请学生按照小组顺序进行成果展示。对每一个有勇气走到台前的同学，教师都要予以充分的肯定，以鼓励更多的学生敢于开口进行英文表达。在以往的教学中，我们发现很多学生非常珍惜发言机会，而且他们非常在意教师的评价。在小组展示中，往往能看到很多平时看不到的该学生的优点，对此教师要及时给予表扬。评价中教师要多用正面、积极的语言，避免过多负面的信息，以免使学生产生挫败感。有些同学得到教师的鼓励后，会在以后的学习中投入更多的精力，更加认真学习。其实，学生非常渴望教师看到他们的进步。因此，教师有责任积极发现学生的变化并鼓励他们不断努力。

在学生提供的网络利弊总结中，教师可挑选总结到位、与课文相符的例子写在黑板上供学生共同学习。在发言中有些同学仍然使用原来学过的词汇进行表达，课文中出现的新单词在使用上不免出现错误搭配的情况。对于课文中的重点单词需要教师讲解加深记忆的，教师可以通过学习型任务帮助学生进一步了解其用法。因此，在任务后阶段可以利用选词填空的方式巩固学生对生词的理解。

（二）第二个任务的设计

Task 2: Conduct a survey in your team to find out the influence of the Internet. Each team will choose a reporter. As the reporter, you are supposed to present a report of 2 minutes on this topic with the structures "instead of" and "the more…, the more…"

1. 任务前阶段

在这个任务中，教师在任务前的准备阶段主要是帮助学生制订任务的工作计划，比如完成小组调查需要进行如下步骤：①明确分工，根据小组中个人特点确定访问者、执笔者和展示者。②由访问者围绕话题设计问题。③开展访问。④小组讨论访问结果，由执笔者进行总结。⑤负责结果展示的同学在组内展示调查结果，大家提出宝贵意见。⑥口述者反复练习，准备在班级发言。

2. 任务中阶段

帮助同学解答问题。督促同学积极参与。启发思路受限制的个别同学或小组。

3. 任务后阶段

评价小组发言。积极予以肯定。表扬进步的同学。

作为语言聚焦阶段，这项任务特别提出要在总结发言表述中使用“instead of”和“the more..., the more...”结构，因为这是本课的重要语言点。对于学生的使用情况，教师要进行总结，把好的例子写在黑板上供其他同学学习，同时提供重点语法结构的讲解和示例。在学生发言结束后，请学生按照示例完成如下句子改写任务。

Rewrite the following sentences after the model, using the phrase "the more..., the more... ".

Model.

I realized that if I was away from home for longer time, it would become easier for me to accomplish my challenge of being disconnected for 30 days.

I realized that the longer I was away from home, the easier it was to accomplish my challenge of being disconnected for 30 days.

As the wave rose higher, we ran faster.

With a bright sun, I am happy, and if the sun is brighter, I feel happier.

The demand for ice cream is great when the temperature is high.

Rewrite the following sentences after the model, using the structure "instead of".

Model 1.

Rather than surfing the Internet for entertainment, I would sit down to meditate.

Instead of surfing the Internet for entertainment, I would sit down to meditate.

Model 2.

You will notice that you spend more time with yourself, rather than think about the actions of others.

You will notice that you spend more time with yourself, instead of thinking about the actions of others.

We should focus on high–risk groups rather than check the entire population.

Rather than driving around all day looking for somewhere to park, why don't you take the subway into town?

You should not complain to me about your exam result. You should talk to your teacher.

四、高职英语写作课程中的任务设计特点及实践

在高职英语教学中，英语写作通常是高职英语教学的难点。高职学生大多数英语基础不足，对学习没有兴趣，他们的学习也是相对随意的。但是英语写作对于他们以后的工作和学习用途较大。在英语应用文教学中，教师要本着坚持“趣味、简单、实用、动手”的原则，运用任务型教学法最大限度地激发学生的好奇心，让学生参与其中并从中有所收获。

教学目标：了解邀请信的写作特点；熟悉书信的基本格式；学会邀请信的基本表达；完成邀请信的写作。

（一）任务 1：指出邀请信的格式

请指出下面这则邀请信中的时间、地点、事件，并说明邀请信的特点。

June 6，2017

Dear Molin，

We have just decided to spend a holiday on the beach this weekend. As we have a spare seat in the car，we think you may be interested in joining us. We remember you said you were fond of seawater bath though you could not swim. Now here's the chance. Besides，we'll do our best to help you learn how to swim. Also，we can take a sunbath together. Please let us know if you would like to go with us and then we'll arrange when to start.

We'll be pleased if you say you can come. Hope to see you soom.

Yours，

Joe&Rose

图 5–1　邀请信

1. 任务前阶段

邀请信在各种社交活动中应用广泛，一般分为两种：一种为正式请柬（invitation card），另一种是书信形式的邀请信。

请柬通常有一定的格式：第一部分是主人的姓名（要用全称）或头衔；第二部分是“request(s) the pleasure/honor of”，相当于汉语中的“恭请”；第三部分是客人的姓名（要用全称，加 's），或用 Your（泛指）；第四部分是“company/presence at...”，相当于汉语中的“光临”；第五部分是日期；第六部分是时间；第七部分

是地点。如果要求复信，请柬下方要用“R.S.V.P.”（原为法语，意为“请赐复”），右下方注上主人的电话号码。请柬全文要用第三人称。如果主人和客人的姓名都写在请柬的正文里，称呼和结束语则可以省去，否则需在结尾加上结束语。

邀请信是日常生活和工作中常见的一种信函，它是邀请亲朋好友或知名人士、专家等参加某项活动时所发出的邀约性书信。在国际交往以及各种日常的社交活动中这类书信使用广泛，因此，在应用文写作中邀请信非常重要。邀请信具有简洁、热情的特点。写邀请信时需注意：①礼貌、友好地发出邀请；②清楚地写明邀请的原因、活动的时间以及地点；③结尾时表示希望对方接受邀请。

邀请信形式不如请柬正规，但书写时一定要将邀请的时间（年、月、日、具体时间）、地点和场合写清楚。

2. 任务中阶段

请学生自行完成任务，教师提供必要的讲解和帮助。

3. 任务后阶段

教师评价学生的发言，总结邀请信的特点和结构。

（二）任务 2：将邀请信补充完整

这个任务的设计是在邀请信常用句型学习的基础上，在具体的邀请信行文中补充邀请信息，使学生进一步了解并掌握邀请信的写作。

Sample: Finish the invitation card according to the information given below in Chinese.

谨定于 1 月 18 日（星期五）晚 7 时在建国西路 120 号 402 室举行晚宴。恭请张华先生和夫人光临。——孙志伟。

1. 任务前阶段

教师讲解邀请信常用句型的表达：

I'd like… to come to dinner.

Request the pleasure of…

The favor of a reply is requested.

May I have the honor of your company at dinner?

We sincerely hope you can attend…

Please confirm your participation at your earliest convenience.

The reception will be held in…, on…

We thought it would be pleasant to have some of our friends to celebrate…

Please let me know as soon as possible if you can come and tell me when you will be able to do so.

We'll be awaiting your arrival on the twelfth.

请将下列句子翻译成英语：

不知你明天晚上能否来和我们一起共进晚餐。如果您能参加，我将不胜荣幸。

您是否参加？请告知。

我代表我系邀请您为我们做一次关于提高英语口语的讲座。如果您参加……那就太好了。

2. 任务中阶段

学生补充邀请信当中的信息，完成邀请信中句子的翻译。教师巡视并提供帮助。

3. 任务后阶段

对于学生的完成情况，教师提供评价，并提供正确的翻译结果。

（三）任务3：邀请信翻译

请将下列邀请信翻译成汉语。

410 Zhong Shan Bei Yi Rd.
Shanghai 200083
China
26 October，2018

Dear Peter,

Thank you for your letter which arrived yesterday. I'm really pleased to know that you're coming to China again. Would you like to come and stay with us while you're here？ You'd be welcome to stay as long as you like.

Luckily，I'll be on holiday when you're in China，so I could show you around. Shanghai is an interesting and lovely city. There's quite a bit of night life and there are a lot of places of interest. Of course，there are plenty of shopping places.

I'm really looking forward to seeing you again. Please reply soon and let me know when you will come.

Yours,
Li Hong

图 5–2　邀请信

任务 3 较为简单，主要是让学生进一步了解邀请信的写作格式和语言的综合使用，可以学习邀请信的例文，利用较少时间完成即可。

（四）任务 4：写一封邀请信

按照下面汉语内容完成邀请信。

假设你的老板 Mr. Forbes 想邀请 Mr. Smith 参加 10 月 31 日，星期四，晚 8 点在假日饭店（Holiday Inn）二楼舞厅举行的化装舞会（costume dance），请你为他写一封邀请信。

1. 任务前阶段

提供邀请信的写作样例。提示邀请信的写作格式。

2. 任务中阶段

学生完成邀请信书写，教师巡视并提供帮助。

3. 任务后阶段

对于学生的完成情况，教师要提供评价。对于个别同学在邀请信写作中代词指代不明，发生混淆的问题，教师以专题进行语法知识讲解。

在英语写作中，代词的使用主要遵循下列规则。

代词必须清楚地指代某个成分，不能指代不明。

Sample 1.

Faulty: A Japanese man asks an American passenger whether the airport has a luggage-trolley service. He wants to say that there is not only a trolley service, but that it is free!

Clear: A Japanese man asks an American passenger whether the airport has a luggage-trolley service. The American wants to say that there is not only a trolley service, but that it is free.

代词不能随意更改指代内容。

Sample 2.

Faulty: Everything from your sex, racial background, social class and communication style all influences his body language.

Clear: Everything from your sex, racial background, social class and communication style all influences your body language.

代词应与其所替代的成分在人称和数方面保持一致，并且应当与其所指代的成分尽量保持就近位置。当 everyone 等做主语时，虽然谓语动词使用单数形式，但其相应的代词既可以使用单数形式，也可以使用复数形式。

Sample 3.

Everyone, however, can improve his or her listening skills with practice.

Everyone is embarrassed when they make a mistake, and everyone makes mistakes.

教师讲解关于代词的语法规则，与学生共同分析句子容易出错的方面，给出正确的表达，帮助学生梳理清楚代词在使用过程中应当注意的内容，同时结合学生易出错的句子再次强调，使学生加深印象。在任务后阶段，教师的主要工作是针对学生在表达中容易出现的语法错误进行纠正和讲解，讲解之后安排相应的练习，让学生自己动手在具体语境中体会代词用法。鉴于高职学生的特点，有针对性的语法练习能有效帮助他们复习语法知识，使他们对语言的理解和把握更加精准，弥补单纯为了完成任务使用过于简单的句型的弊端。

五、高职英语翻译课程中的任务设计特点及实践

和听、说、读、写不同，翻译不再偏重学习语言本身，而是重视让学生体会两种语言相互转换和应用的思维模式，旨在提高学生的语言综合运用能力，为学生打好翻译基本功，并通过有效的教学手段让学生在翻译实践过程中提高翻译水平。

传统的英语专业翻译教学均以教师为中心，以教师讲解和学生机械记忆为主，忽略了学生的主体性，难以实现互动性教学，课堂教学效果差。许多高职学生死记硬背翻译规则和翻译范例，结果只能应付熟悉句子或相似句子的翻译，遇到陌生的句子或有差异的句子仍然是一头雾水。长此以往，学生对翻译课程将产生厌烦情绪，这会给课堂教学带来巨大的阻力。

任务型教学法强调教师在教学中通过精心设计教学任务、通过丰富的任务型教学来提高学生的翻译水平。为了达到良好的互动效果，可以采用翻译游戏任务、翻译写作任务、翻译阅读任务等活动，使课堂教学活动多元化，增强师生互动和生生互动。教师在教学过程中可合理地选取图像、影像、音频等辅助翻译教学内容，通过不同的教学工具向学生传递翻译信息。通过采用多媒体技术，教师不仅可以为学生模拟真实的翻译场景，还可以搭建良好的互动课堂，从而为任务型教学的实施打下良好的基础。

下面以翻译商务名片为例进行任务型教学设计展示。

教学目标：了解商务名片的内容；熟悉商务名片的特点和写作要求；熟记商务名片基本词组的翻译方法；独立完成商务名片的制作和翻译。

（一）任务 1

了解商务名片的内容、特点和写作要求，把商务名片翻译成汉语。

1. 任务前阶段

讲解名片的定义、内容、格式要求。英文商务名片一般置于首位的是持有人姓名和公司名称（或公司的标识），这样可以突出持有人的身份所属，同时强化并树立企业形象；职位一般印在名字之下，公司名称、姓名和职位一般采用不同的字体，以便识别；然后是详细地址，按照从小到大的顺序依次列出公司所处的街道、市和国家；最后是联系方式，一般置于名片的下方或右下角。

2. 任务中阶段

请学生看下面一则例子，把英文名片译为中文。

CHINA EASTERN AIRLINES
BEIJING BRANCH（OFFICE）
Wang Jian
General Manager

67 Wangfujing St. Tel：010–46655×××
Beijing，China Fax：010–46655×××
E–mail：wangjian @ yahoo.com

图 5–3 名片

在学生完成任务的过程中，通过例子的讲解强调以下内容。

职位一般印在名字之下，如“总经理”放在“王建”的下面。

公司名称、姓名和职位一般采用不同的字体。

详细地址，英文的处理方法是按照从小到大的顺序依次列出公司所处的街道、市和国家。

翻译成中文要符合汉语的习惯。

在完成任务的过程中，教师要在教室巡视，及时为学生提供必要的帮助和指导，对于有困难的同学，教师要认真、耐心地给予讲解。对于不能积极参与课堂的同学，教师要进行必要的提醒并做出适当的管理，以保证所有同学都能够按照教师的要求完成任务。

3. 任务后阶段

请两名学生到讲台将他们的翻译结果写在黑板上。对于学生的问题，教师要进行点评，如果学生出现错误，教师要针对问题进行详细讲解，而不是针对学生进行批评。

在名片翻译的任务中，学生应注意公司或工作单位写在名字的上面，名字位于名片中心，职务在姓名下面；地址翻译要注意由英语从小到大的习惯写法转换为汉语从大到小的习惯写法。

此时，可以补充中英文关于地址的写法知识。

英语与汉语中的地址书写顺序完全相反，在书写的时候要特别注意。例如，“青岛市黄岛区钱塘江路 369 号国际学院”可以翻译为“International School, No.369 Qiantangjiang Rd. Huangdao District, Qingdao”。

在名片上，地址应该保持一定的完整性，门牌号与街道名不可分开写，必须在同一行（不可断行），但各种名称可以断开。

遇到数字加编号的路名、地名等，一般可以翻译为“序数词＋路名”，例如，“中山二路”可以翻译为“Second Zhongshan Road”。北路或南路的表达，应把方向放在路的前面，如“韶山北路”可以翻译为“North Shaoshan Road”。

（二）任务 2

根据商务名片的内容、特点和写作要求，把汉语商务名片翻译成英文。

相对于英译汉，汉译英对学生来说难度更高。在把汉语商务名片翻译成英文的任务中，学生遇到的最大困难是有关职务和单位的翻译，可以先帮助学生完善各种关于职务和单位的英语表达的知识，然后通过练习巩固学生相关的翻译知识。

1. 任务前阶段

为学生讲解关于职位的英文表达知识，为学生做好基础语言知识的铺垫。

帮助学生学习并掌握英语的常用表达方式，因此采取学习型任务即可，这样既有助于学生顺利完成整个任务，也能照顾到课程进度中的时间分配问题。小任务花费时间太多，不但影响后面主要任务的时间分配和进度，也会过多消耗学生的耐心。因此在进行任务设计时，教师要注意任务难易程度和完成任务时间的把握。同时，学习型任务和真实任务可以互为补充，这样既可以帮助学生积累语言知识，也有利于培养他们真实沟通或写作的技能。除此之外，还可以给学生补充关于单位部门的英文表达知识。

为学生提供一则具体的例子，给出中文的商务名片并让学生翻译成英文。在具体例子的讲解过程中，提示学生商务名片的特点和写作方法，以及中英文地址的不同写法。

2. 任务中阶段

在任务完成的过程中，教师要在教室巡视，及时为学生提供必要的帮助和指导，对于有困难的同学，教师要认真、耐心地为其进行讲解。对于不能积极参与课堂的同学，教师要进行必要的提醒和做出适当的管理，以保证所有同学都能够按照教师的要求完成任务。

3. 任务后阶段

请两名学生把他们的翻译结果写在黑板上。对于学生存在的问题教师要进行点评，如果学生出现错误，教师要针对问题进行详细讲解，而不是针对学生进行批评。

教师给出参考答案，并提示学生相关注意事项。

参考文献

[1] 安维彧 . 雨课堂“三联动”混合式教学对高职学生英语学科核心素养发展的影响研究——以“职业提升英语”视听说课堂教学实践为例 [J]. 英语广场，2024（23）：90–94.

[2] 郭丽娜 . 高职英语教学中的课堂互动与合作学习探究 [J]. 英语广场，2024（18）：61–64.

[3] 李海霞 . 基于核心素养培养的高职英语课堂教学设计探析 [J]. 海外英语，2024（13）：217–219.

[4] 林楚贝，黄泽栋 . 高职英语线上线下互动课堂探析 [J]. 广东职业技术教育与研究，2023（8）：44–48.

[5] 林学梅，侯博，陈敏 . 高职英语课程思政“三三课堂”教学模式构建与实证 [J]. 林区教学，2024（7）：24–28.

[6] 刘健 . 高职英语教学中翻转课堂搭建分析 [J]. 英语广场，2024（S1）：19–22.

[7] 骆菀如 . 新时代背景下高职英语课堂教学改革实践探索 [J]. 包头职业技术学院学报，2024，25（2）：81–85.

[8] 马玉东 . 多媒体技术在高职英语教学中的应用研究 [J]. 中国报业，2022（2）：88–89.

[9] 任林香 . 运用现代教育技术优化高职英语课堂教学实践研究 [J]. 公关世界，2024（15）：142–144.

[10] 宋娟 . 职业教育理念下高职英语情境教学模式构建研究 [J]. 吉林广播电视大学学报，2022（5）：91–93.

[11] 吴明玉 . 定制化教学在高职大学英语课堂中的应用 [J]. 佳木斯职业学院学报,2018(8)：433.

[12] 武漫丽 . 以就业为导向的高职英语教学策略探究 [J]. 海外英语，2021（6）：259–260.

[13] 肖蕾 . 论情境式教学模式在高职教学中的构建 [J]. 文学教育（上），2020（11）：176–177.

[14] 肖巍钢 . 情境教学视角下 POA 教学模式在高职英语教学中的应用研究 [J]. 海外英语，2022（17）：226–227+235.

[15] 肖霄 . 电影教学运用于高职英语专业听说课程的探索 [J]. 英语广场，2021（21）：104–106.

[16] 徐丽丽 . 高职高专英语教学应用情境认知理论的分析 [J]. 江西电力职业技术学院学报，

2021（5）：55–57.

[17] 周婷 . 高职英语培养跨文化交际能力的教学策略探析 [J]. 海外英语，2024（10）：237–240.

[18] 陈慧 . 翻转课堂在高职英语教学中的应用研究 [D]. 长沙：湖南师范大学，2016.

[19] 桂杉杉 . 信息化环境下高职英语教学现状及应用探析 [D]. 武汉：华中师范大学，2015.

[20] 胡亚雪 . 任务型教学法指导下的高职院校英语语法教学研究 [D]. 北京：华北电力大学（北京），2016.

[21] 刘文凤 . 任务型教学在高职英语阅读教学中的应用 [D]. 郑州：河南大学，2015.

[22] 潘洁 . 激励教学法在高职英语教学中的实践探索 [D]. 南昌：江西师范大学，2023.

[23] 平悦 . 基于 SPOC 的任务型语言教学在高职英语教学中的应用研究 [D]. 呼和浩特：内蒙古师范大学，2020.

[24] 孙玉 . 任务型语言教学对不同认知风格高职院校学生英语学习的影响 [D]. 济南：山东师范大学，2018.